ADVAITA BODHA DEEPIKA:

A Luz da Sabedoria não dualista

Um dos poucos livros altamente elogiados por
Bhagavan Sri Ramana Maharshi

ADVAITA BODHA DEEPIKA

(A LUZ DA SABEDORIA NÃO DUALISTA)

Sri Ramanasramam
Tiruvannamalai – Índia
2006

Tiruvannamalai 606 603
Tâmil Nadu, Índia

EDITORA TEOSÓFICA
SIG Quadra 6, nº 1235
70.610-460 – Brasília-DF – Brasil
Tel.: (61) 3322.7843
E-mail: editorateosofica@editorateosofica.com.br
Site: www.editorateosofica.com.br

R 165 Ramanasramam, Sri

A luz da sabedoria não dualista / Sri Ramanasramam
Tradução: Lívia Mazzocato e Niraj - 2ª. Ed.; Brasília
Editora Teosófica, 2022.

Tradução de: Advaita bodha deepika

ISBN 978-85-7922-044-9

1. Filosofia Oriental 2. Filosofia *Vedānta*

CDD 180

Capa: Sepide Tajima
Diagramação: Reginaldo Mesquita

SUMÁRIO

NOTA DA TRADUÇÃO

Das obras do *Advaita Vedānta* (filosofia hindu da não dualidade) que tivemos o privilégio de ler, Advaita Bodha Deepika destaca-se por ser a mais didática. Enquanto em outros textos dessa literatura – tais como o Ribhu Gita, Ashtavraka Gita, Avadhuta Gita, Swarupa Saram, Kaivalya Navaneetha – são de natureza predominantemente assertiva (compostos de declarações da Verdade não dual), a presente obra é de natureza predominantemente expositiva, explicativa. Forma, assim, uma boa introdução ao Advaita, na qual o mestre expõe a doutrina de maneira gradual e sistemática, respondendo detalhadamente às insistentes (e por vezes teimosas) perguntas do sincero discípulo que o interpela. Além disso, trata-se de um dos poucos livros recomendados pelo grande sábio Sri Ramana Maharshi.

Na tradução, cada palavra foi cuidadosamente escolhida, e não raro dicionários foram consultados mesmo para tradução de palavras e expressões já conhecidas. O original caracteriza-se por uma profusa utilização de termos sânscritos, muitos deles de uso incomum. Por isso, a fim de manter o texto o mais claro e limpo possível – e também para evitar repetições desnecessárias – optou-se por utilizar, na maioria dos casos, a tradução em português no corpo do texto, colocando os termos em sânscrito entre parênteses. Outros termos de maior importância – tais como *Māyā*, *samsāra* e *Brahman* – frequentemente foram deixados na parte principal do texto, com o seu significado em parênteses ou em uma nota de rodapé.

Por outro lado, o que se encontra entre colchetes são comentários acrescidos pelos tradutores com a intenção de esclarecer o significado da passagem ou do ensinamento, quando uma tradução literal não bastava. Pela mesma razão acrescentamos diversas notas de rodapé para explicar conceitos, termos e metáforas que são utilizados no livro e não explicados, justamente por se tratarem de elementos bem conhecidos na literatura Advaita.

O texto original não contém um glossário. Entretanto, atentando ao fato de que muitos termos que já são conhecidos pelos leitores de língua inglesa interessados no assunto não o são pelo público geral brasileiro, bem como à abundante utilização de termos em sânscrito, teve-se como oportuna a inclusão de um glossário ao final do livro, onde as palavras de origem estrangeira estão brevemente explicadas. O glossário foi desenvolvido com base nos glossários presentes em outros livros do

Ramana Maharshi[1] (tais como: *The Collected Works of Ramana Maharshi; Be As You Are*[2]*; Ensinamentos Espirituais*[3]*; Ramana Maharshi e o Caminho do Autoconhecimento*[4]*; Talks with* Sri Ramana Maharshi[5]) e também por meio de livre pesquisa dos tradutores em outros dicionários (a exemplo de *The Oxford Dictionary of Hinduism e Enciclopédia de Yoga da Pensamento*[6]) e fontes relacionadas.

O texto continha indicação de número de versos antes da maioria dos parágrafos, o que se teve por bem excluir, para deixá-lo mais limpo e organizado. Entende-se não haver qualquer prejuízo para a tradução, tendo em vista que não se trata de um texto demasiadamente longo, bem como que ele se desenrola no formato de prosa, e não de coleção de versos.

Um dos pontos mais difíceis da tradução foi a palavra *Ātmā ou Ātman*. Em outros livros já publicados no Brasil (sobre *Yoga*, filosofia oriental, e sobre Ramana Maharshi também) *Ātmā* foi traduzida como "Eu Superior", "Si", "Si-Mesmo", "Espírito" e "Verdadeiro Eu". Em inglês o

---

[1] Editado por Arthur Osborne. Edição de 1997 por Red Wheel/Weiser LLC (Boston, EUA).

[2] Editado por David Godman e publicado em 1985 por Penguin Arkana (Londres, Inglaterra).

[3] Publicado no Brasil pela Editora Pensamento.

[4] Editado por Arthur Osborne e publicado no Brasil pela Editora Pensamento.

[5] Editado por Mungala Venkataramiah. Publicado por Sri Ramanasramam, 13ª Reimpressão, 2005 (Tiruvannamalai, Índia).

[6] FEUERSTEIN, Georg. *Enciclopédia de Yoga do Pensamento*. São Paulo: Editora Pensamento, 2005.

termo utilizado é sempre *Self*, para *Ātmā*, e *I* ou *self* (com minúscula) para o ego (em sânscrito, *ahamkāra*). Em português é mais difícil manter essa distinção. Optamos por traduzir *ahamkāra* (ou *self*) por "ego" ou "eu" (letra minúscula); e *Ātmā* (*Self*) por "Eu Real", "Eu" ou "Ser". Lembramos, aqui, a lição de Sri Ramana Maharshi, que afirmava que não existem dois "eus", um superior e outro inferior, mas que existe apenas um Eu, e que o ego – que os seres não iluminados têm como seu "eu" – é irreal, sendo apenas um reflexo do verdadeiro Eu[7].

Outras palavras também frequentemente utilizadas no texto são *Sat* e *Ānanda*. *Sat* foi às vezes traduzida como "Existência", outras vezes como "Ser", tendo também o significado de "Verdade" e "Realidade". *Ānanda* foi em geral traduzida como "Beatitude", tendo-se às vezes usado as palavras "Bem-Aventurança" e "Felicidade" a fim de evitar a repetição e de transmitir toda a amplitude do significado original. Todos esses termos devem ser entendidos como sinônimos.

Devem ser ditas algumas palavras, ainda, sobre a tra-

[7] "É ridículo dizer "realizei o Eu (*Ātman*) " ou "não realizei o Eu (*Ātman*)". Por acaso existem dois eus, para um ser objeto da realização do outro? A verdade da experiência de todos é que existe apenas um Eu." (Verso 33 do *Ulladu Narpadu*, tradução de Arthur Osborne). "Geralmente se diz: "Conhece-te a ti mesmo". Mas mesmo isso não está correto, pois se nós falamos em conhecer o Eu, devem existir dois Eus, um que conhece, o outro que é conhecido, e o processo do conhecimento. [Mas] o estado que nós chamamos de Realização é simplesmente ser quem você é, [e] não conhecer algo ou tornar-se algo. Se alguém alcançou a Realização, ele é apenas aquilo que é e que sempre foi." – Thus Spake Ramana, 67.

dução de outros termos recorrentes. Um deles é realize, que é uma tradução geralmente utilizada em inglês do termo sânscrito *sākshātkara*, que denota o estado ou "fenômeno" no qual o iogue se torna idêntico ao *Ātman* dentro de si[8] . As três traduções possíveis para esse vocábulo em português seriam: compreender/perceber/conhecer/estar ciente do Eu; alcançar o Eu; realizar o Eu (no sentido básico de "tornar real"). Traduzir como "alcançar o Eu" não é adequado tendo em vista que, de acordo com os ensinamentos do Bhagavan, o Eu Real não é alcançado, mas já está presente, e também não é algo exterior. O que nos resta, portanto, são os outros dois termos e, como nenhum deles expressa perfeitamente o significado original (já que o Ser não é nem compreendido nem "tornado real" – ele já é sempre real e sempre conhecido), optamos, ao longo da tradução, por utilizá-los ambos, intercaladamente.

Qualquer imperfeição ou erro encontrado no presente livro deve ser atribuído à tradução, e não à obra em si.

Por fim, gostaríamos de agradecer sinceramente a: Sri Ramanasramam por nos ter cedido os direitos autorais, abrindo mão dos royalties, e por nos ter confiado a tarefa da tradução; A.L.F, que optou manter-se anônima, pela contribuição com a revisão final; Pavani, por todo o

[8] FEUERSTEIN, Georg. *Op. cit.*, p 199.

apoio e assessoramento.

Que esta obra sirva como uma luz para orientar os buscadores da Verdade.

Lívia Mazzocato
Niraj (omniraj@gmail.com)

PREFÁCIO

Originalmente, Sri Shankaracharya e outros grandes sábios escreveram várias obras, como o comentário do *Vedānta Sūtras*, assim fornecendo os métodos para que as pessoas engajadas na autoinquirição realizassem o seu propósito.

Sri Karapatra Swami posteriormente condensou os pontos mais significativos dessas obras em versos sânscritos, em um trabalho de doze capítulos denominado Sri Advaita Bodha Deepika.

Mais tarde ainda, parece que um grande homem traduziu isso para o tâmil. Por razões desconhecidas, apenas oito capítulos da obra se encontram publicados. São:

1. *Adhyariopa* – sobreposição
2. *Apavada* – a remoção da sobreposição
3. *Sādhana* – o meio de consegui-lo
4. *Srāvana* – ouvir, ler e falar sobre Deus
5. *Manana* – reflexão a respeito da *srāvana*
6. *Vasanakshaya* – aniquilamento das latências
7. *Sākshātkara* – realização direta
8. *Manonāsa* – extinção da mente

Em sua obra, o autor explica como a Ignorância obscurece a verdadeira natureza do Ser, que é unicamente não dual; como, em seu aspecto velador, ela cobre Isto (o Ser) com dois efeitos – o de que ele "não existe" e o de que "não brilha por si"; como, em seu outro aspecto, a Ignorância sob a forma da mente, projeta os indivíduos, Deus (*Ishwara*) e o mundo, apresentando-os como reais e, assim, fazendo surgir a ilusão; descreve como só alguém plenamente qualificado é capaz de obter este Conhecimento; como um mero acadêmico dos *shāstras* não está apto a isso; como a inquirição é o principal meio de Conhecimento; como a inquirição consiste em ouvir a VERDADE, refletir sobre ela, contemplá-la e entrar em *Samādhi*; como o conhecimento indireto obtido ao escutar [a Verdade] acaba com a ideia "o Ser não existe" e como o conhecimento direto obtido pela reflexão – que significa inquirir "QUEM SOU EU" e buscar interiormente –, destrói a noção errônea de que "o Ser não brilha por si mesmo"; como o conhecimento do TU, em TU ÉS AQUILO, é idêntico ao conhecimento de AQUILO; já que, com a meditação, perecem as diferentes tendências latentes, que eram os obstáculos no caminho, e perece também a mente, que é o adjunto limitador (*upadhi*) do indivíduo, e como, pela realização final e desobstruída de *BRAHMAN* (Absoluto), o buscador liberta-se da escravidão dos três tipos de *karma* que formam o ciclo de nascimentos e mortes. E explica como, na verdade, não há nem escravidão nem libertação para o Ser, descrevendo como extinguir a mente.

Acreditando que isso será útil para os que buscam a Libertação, Sri Ramana Saraswathi (conhecido anteriormente como Munagala Venkataramiah), um devoto de Bhagavan Sri Ramana Maharshi, traduziu para o inglês, pela graça de Sri Ramana, os oito capítulos da presente obra. Os quatro últimos capítulos – *Savikalpa Samādhi*, *Nirvikalpa Samādhi*, *Jivan Mukti* e *Videha Mukti* – não puderam ser traduzidos para o inglês, pois não foram encontrados os manuscritos em tâmil, telugo ou sânscrito. Estamos procurando intensamente os capítulos que faltam, e qualquer informação sobre os mesmos será gratamente reconhecida pelo editor.

Nossos agradecimentos especiais a Sua Alteza Shrimati Shanta Devi, Maharani de Baroda e a Sua Alteza o Marajá de Travancore, pelo envio dos manuscritos originais em sânscrito, que se encontram na Biblioteca Estadual, para consulta de Maharshi.

Este livro é um dos poucos estimados por Sri Maharshi, e a tradução para o inglês foi cuidadosamente revisada em sua presença. Portanto, é com entusiasmo que apresentamos este pequeno volume ao público, tendo a plena certeza de que o leitor dele se beneficiará.

O EDITOR

VERSOS INTRODUTÓRIOS

Eu saúdo os sagrados pés do Senhor Supremo, o Refúgio de todo o universo, o Meio Único de remover o *samsāra* (ciclo de nascimentos e mortes), o Eterno Ganesha de rosto de elefante!

Medito sobre o sagrado mestre conhecido como *Chidambara Brahman*, a própria entidade do Supremo Ser não dual, Sua própria Beatitude e o melhor iogue dentre os homens, por cujo olhar de luz eu, um tolo cego pelas maciças trevas da Ignorância que não têm início, obtive a preciosa joia de *Jñāna* (Sabedoria)!

Medito sobre aquele sagrado mestre, por cujo contato com o pó de seus pés de lótus os homens conseguem facilmente atravessar o oceano sem margens do *samsāra*, como se durasse apenas num instante.

Para aqueles que conseguiram ter seus pecados (todos) queimados pelas austeridades praticadas em vários nascimentos passados; com a mente tornada pura; com o intelecto discernindo o real do irreal; permanecendo indiferentes aos prazeres deste mundo ou do outro; com a mente e os sentidos sob controle; com as paixões dominadas; desistindo das ações como se desiste de um fardo sem valor;

com a fé firme e a mente tranquila; sinceramente buscando a libertação da escravidão, este livro – SRI ADVAITA BODHA DEEPIKA – é apresentado em doze breves capítulos.

Diversas obras sobre o Advaita já foram escritas por Mestres de outrora, como Sri Shankaracharya e Vidyaranya; no entanto, assim como pais amorosos amam ouvir os balbucios de um filho, também as boas pessoas de coração grande poderão ler este livro, por mais imperfeito que seja.

| Capítulo *I*

DA SOBREPOSIÇÃO

Grandemente afligido pelos três tipos de sofrimento (*tapa-traya*)[9] , buscando intensamente libertar-se da escravidão, de modo a ficar livre desta dolorosa existência, um discípulo, distinto pela longa prática da *sadhāna quádrupla*[10], aproxima-se de um mestre de valor e suplica:

Discípulo: Senhor, mestre, oceano de misericórdia, entrego-me ao senhor! Imploro-lhe que me salve!

Mestre: Salvá-lo do quê?

Discípulo: Do temor de nascimentos e mortes repetitivos.

---

[9] Alguns textos hindus classificam o sofrimento em três tipos: sofrimento causado pelo próprio indivíduo (*adhyātmika*); sofrimento causado por outros seres vivos (*adhibautika*); sofrimento causado por forças sobrenaturais e pelos deuses (*adhidaivika*).

[10] Qual seja: escutar (*manana*), refletir (*srāvana*), meditar (*niddhidhyasana*) e *samādhi*. Esses elementos serão pormenorizadamente explicados nos capítulos seguintes.

Mestre: Saia do *samsāra*[11] e não tema.

Discípulo: Sendo incapaz de atravessar o vasto oceano do *samsāra*, temo os nascimentos e as mortes recorrentes. Assim, entreguei-me ao senhor. Cabe ao senhor me libertar!

Mestre: O que posso fazer por você?

Discípulo: Libertar-me. Não tenho outro refúgio. Assim como a água é a única coisa que apaga o fogo quando a cabeça de alguém está em chamas, também um sábio como o senhor é o único refúgio de pessoas como eu, que ardem com os três tipos de sofrimento. O senhor está livre da ilusão do *samsāra*, possui a mente calma e está profundamente mergulhado na incomparável Beatitude de *Brahman* [o Absoluto ou Ser Supremo], que não tem começo nem fim. Certamente pode salvar esta pobre criatura. Imploro-lhe que o faça!

Mestre: E que tenho eu a ver com o seu sofrimento?

Discípulo: Santos como o senhor não suportam ver os outros sofrerem, como um pai não suporta ver seu filho sofrer. É sem interesse o seu amor por todos os seres. O senhor é o Guru comum a todos, o único barco que nos leva através do oceano do *samsāra*.

Mestre: Então, o que o faz sofrer?

Discípulo: Tendo sido picado pela cruel serpente do

[11] A cadeia de nascimento, morte e renascimento que toda alma (*jīva*, ou ego) está sujeita, e que só termina com a Realização. Usado muitas vezes com o sentido de sofrimento, miséria, infelicidade; noutras, como sinônimo do mundo empírico de nomes e formas.

doloroso *samsāra*, estou confuso e sofro. Mestre, imploro-lhe que me salve deste inferno ardente e bondosamente me diga como posso ser livre.

M: Muito bem dito, meu Filho! Você é inteligente e bem disciplinado. Não é necessário comprovar a sua competência para ser um discípulo. Suas palavras demonstram claramente que você está apto. Agora, olhe aqui, minha criança!

No Supremo Ser do Ser-Consciência-Beatitude, quem pode ser o transmigrador? Como pode o *samsāra* ocorrer? O que poderia tê-lo ocasionado? Como e de onde poderia ele surgir? Sendo a Realidade não dual, como pode você ser iludido? Com nada separado no sono profundo, não tendo mudado de modo nenhum, e tendo dormido profunda e pacificamente, um tolo, ao acordar, grita: "Oh, estou perdido!" Como pode você, o Ser imutável, Supremo, sem forma e Bem-aventurado, exclamar: "Eu reencarno – eu sofro!" e assim por diante? Em verdade, não há nascimento, nem morte; ninguém para morrer ou nascer; nada deste tipo!

D: O que existe, então?

M: Apenas a Sabedoria Beatífica, Suprema, sem início ou fim, não dual, jamais aprisionada, sempre livre, pura, consciente e única.

D: Se é assim, diga-me como a poderosa e maciça ilusão do *samsāra* cobre-me em densas trevas, como uma massa de nuvens na estação de chuvas.

M: O que se pode dizer do poder de *Māyā* (Ilusão)! Assim como alguém confunde uma coluna com um homem[12], você também confunde o Eu Real, não dual e perfeito, com um indivíduo. Na ilusão, você sofre. Contudo, como surge a ilusão? Como um sonho que surge enquanto dormimos, o falso *samsāra* aparece na ilusão da ignorância a qual, em si mesma, é irreal. Daí o seu erro.

D: O que é a ignorância?

M: Ouça. No corpo aparece um fantasma, o "eu falso", para reivindicar o corpo para si, e isto se chama alma individual (*jīva*). A alma individual está sempre voltada para o exterior; assume o mundo como real e considera a si mesma a agente e experienciadora de prazeres e dores; deseja isto e aquilo; não possui discernimento; não recorda, nem uma só vez, a sua verdadeira natureza, nem pergunta: "Quem sou eu? O que é esse mundo?"; apenas vaga pelo *samsāra*, sem conhecer a si mesmo. Esquecer o Eu Real é a Ignorância.

D: Todos os textos sagrados (*shāstras*) proclamam que *samsāra* é obra de *Māyā*, mas o senhor diz que é produto da Ignorância. Como conciliar as duas afirmações?

M: A Ignorância tem diferentes nomes, como *Māyā*,

[12] Essa metáfora provavelmente remete à imagem, presente em alguns textos sagrados, de um homem pintado na coluna de um templo: parece um homem, mas não é – não tem ninguém ali naquela "forma".

Pradhāna, *Avyakta* (o não manifesto), *Avidyā*, Natureza, Trevas e assim por diante. Portanto, o *samsāra* nada mais é do que o resultado da Ignorância.

D: E como a ignorância projeta o *samsāra*?

M: A Ignorância possui dois aspectos: Encobrimento e Projeção (*Āvarana-Vikshepa*). Destes, surge o *samsāra*. O encobrimento funciona de dois modos. Num, dizemos "não existe"; no outro, "não brilha por si mesmo".

D: Por favor, explique isso.

M: Numa conversa entre um mestre e um estudante, embora o sábio ensine que só existe a Realidade não dual, o ignorante pensa: "O que pode ser Realidade não dual? Não, não pode ser." Como resultado do encobrimento que não tem início, o ensinamento, mesmo quando transmitido, é desconsiderado, e as ideias antigas prevalecem. Esta indiferença é o primeiro aspecto do encobrimento.

A seguir, com o auxílio de livros sagrados e de mestres benevolentes, o estudante acredita – de modo inexplicável, mas sincero – na Realidade não dual. No entanto, não consegue sondar profundamente; permanece na superfície e diz: "a Realidade não brilha por si mesma". Aqui há o conhecimento de que "Ela não brilha por si mesma"; contudo, persiste a ilusão da ignorância. Essa ilusão do "não brilhar por si mesma" é o segundo aspecto do encobrimento.

D: O que é Projeção?

M: Embora o ser humano seja o Ser imutável, sem forma, Supremo, Beatífico e não dual, ele pensa ser um corpo com pernas e braços, o agente e experienciador; objetivamente, ele vê este homem e aquele, isto e aquilo, e é iludido. Projeção é a ilusão de perceber o universo externo na Realidade não dual. Isto é Sobreposição.

D: O que é Sobreposição?

M: É confundir algo que é com algo que não é – como confundir uma corda com uma cobra, uma estaca com um ladrão, uma miragem com a água. A aparência de algo falso sobre algo real é a sobreposição.

D: O que é, aqui, a sobreposição do irreal sobre a coisa real, ou substrato?

M: A Realidade é o Supremo *Brahman*, ou o Ser-Consciência-Beatitude não dual. Assim como o nome e a forma da cobra – que são falsos – são justapostos a uma corda, também na Realidade não dual sobrepõe-se a categoria de seres animados e de coisas inanimadas. Assim, os nomes e as formas que aparecem como universo constituem a sobreposição. Este é o fenômeno irreal.

D: Na Realidade, que é não dual, quem cria a sobreposição?

M: *Māyā*.

D: O que é *Māyā*?

M: É a ignorância sobre o já mencionado *Brahman*.

D: O que é a Ignorância?

M: Embora o Ser seja *Brahman*, não está presente o conhecimento do Ser (sendo *Brahman*). O que obstrui o conhecimento do Ser é a Ignorância.

D: Como pode isso projetar o mundo?

M: Assim como ignorar o substrato (a corda), projeta a ilusão de uma cobra, ignorar *Brahman* projeta este mundo.

M: Isso deve ser considerado uma ilusão, porque está sobreposto e não existe, nem antes (percepção), nem depois (sabedoria).

D: Como se pode dizer que não existe nem antes (percepção), nem depois (sabedoria)?

M: Para ter sido criado, não poderia ter existido antes da sua criação (isto é, passa a existir simultaneamente com a Criação, ou após); não pode existir na dissolução; agora, no entremeio, simplesmente aparece como uma cidade magicamente surgida em pleno ar. Como não é visto no sono profundo, em estados de choque ou no *Samādhi*, conclui-se que, mesmo agora, é apenas uma sobreposição e, portanto, uma ilusão.

D: Antes da criação e na dissolução, se não há mundo, o que pode existir, então[13] ?

[13] Os conceitos de "criação" e "dissolução" merecem, aqui, um pouco de elaboração. Segundo a Cosmologia Védica, cada dia de Brahma (Deus criador, ou *Ishwara*) dura 2,16 bilhões de anos, sendo seguido por uma noite de Brahma, de igual duração. Cada ciclo universal

M: Só há a Existência básica, não fictícia, não dual, não diferenciada, dentro e fora (*sajātīya*, *vijatiya* e *svāgata bheda*), o Ser-Consciência-Beatitude, a Realidade imutável.

D: Como isto é conhecido?

M: Os *Vedas* dizem: "Antes da Criação, só existia o Puro Ser." O *Yoga Vasishta* também nos ajuda a compreendê-lo.

D: Como?

M: *"Na dissolução, o universo inteiro é recolhido, ficando apenas a Realidade Única, que permanece imóvel, além das palavras e do pensamento, não sendo nem escuridão, nem luz e, no entanto, perfeita, isto é: inexprimível, mas não vazia"*, diz o *Yoga Vasishta*.

D: Nessa não dualidade, como pode o universo surgir?

M: Assim como no caso já mencionado da cobra-corda, a ignorância do substrato real está oculta na corda; também na Realidade básica está oculta a Ignorância, também denominada *Māyā* ou *Avidyā*. Posteriormente, isso origina todos esses nomes e formas.

(*kalpa*) dura, assim, 4,32 bilhões de anos terrestres. Acredita-se que estamos no 51° ano da vida do Criador atual. Ao final de cem anos de Brahma a criação toda (o universo inteiro) chega ao fim, conjuntamente com seu Criador, dissolvendo-se em *Brahman* (o Absoluto). Tal dissolução cósmica é chamada de *mahāpralaya*. Então, por um período igual de tempo (100 anos de Brahma) não há qualquer manifestação de *Māyā*, que permanece latente ("dormindo") em *Brahman*. Ao final desse período *Māyā* ativa-se novamente – Deus (Brahma) surge do Absoluto (*Brahman*) e cria um novo cosmos. Segundo o Hinduísmo, esse processo de nascimento e morte de Brahma, e de Sua respectiva Criação, acontece eternamente, desde "tempos" sem início, na Realidade não dual que é *Brahman*, o Eterno e indiferenciado.

Māyā, que depende da não relacionada Sabedoria-Beatitude-Realidade, possui os dois aspectos de encobrimento e projeção (*āvarana* e *vikshepa*); com o primeiro, *Māyā* oculta o seu próprio substrato de vista e, com o segundo, *Māyā* – que não é manifesta – manifesta-se então como mente. Isso então manifesta as suas latências, o que equivale a projetar este universo com todos os seus nomes e formas.

D: Alguém já disse isso antes?

M: Sim, Vasishta para Rama.

D: Como?

M: "*Os poderes de Brahman são infinitos. Dentre eles, manifesta-se aquele poder através do qual Ele Se projeta.*"

D: Quais são os diferentes poderes?

M: São bem conhecidos – a percepção nos seres animados; o movimento no ar; a solidez na terra; a fluidez na água; o calor no fogo; o vazio no éter; a tendência à deterioração nas coisas perecíveis e muitos outros. Essas qualidades permaneceram latentes e, mais tarde, manifestaram-se. Devem ter estado latentes no *Brahman* não dual, como as gloriosas cores das penas do pavão na gema de seu ovo, ou como uma figueira-de-bengala adulta na sua minúscula semente.

D: Se todos os poderes estão latentes no *Brahman* único, por que não se manifestam simultaneamente?

M: Observe como as sementes de árvores, plantas, ervas, vegetação rasteira, etc., estão todas contidas na terra, mas só algumas brotam, de acordo com o solo, o clima e a estação. Igualmente, a natureza e a extensão dos poderes que se manifestam são determinadas pelas condições. No momento em que *Brahman* (o substrato de todos os poderes de *Māyā*) une-se ao poder de pensar, isto se manifesta como mente. Assim, *Māyā*, por tanto tempo adormecida, projeta-se repentinamente como mente a partir do Supremo *Brahman*, a fonte comum a tudo. Então, esta mente forma o universo inteiro. Assim diz Vasishta.

D: Qual é a natureza da mente que forma o poder de projeção de *Māyā*?

M: Sua natureza é reunir ideias ou latências. Possui estados latentes como conteúdo e aparece na consciência que testemunha de dois modos – "eu" e "isto".

D: O que são estes modos?

M: São o conceito de "eu" e o conceito de "isto", "aquilo", etc.

D: Como este modo-"eu"[14] sobrepõe-se à consciência que testemunha?

M: Assim como a prata sobreposta na madrepérola faz com que esta se apresente como prata, também o modo-"eu" sobreposto à testemunha básica apresenta-a como

[14] Em sânscrito, *aham vritti*. Também pode ser traduzido por *pensamento-"eu"*. Refere-se à modificação-mental que funciona como "eu" ou "ego", em contraposição ao Eu Real ou Consciência, normalmente referido em sânscrito por *Ātman* ou *Āham*.

"eu", isto é, ego, como se a testemunha não fosse diferente do ego, e sim o próprio ego.

Assim como uma pessoa possuída por um espírito é iludida e se comporta como alguém totalmente diferente, também a testemunha, possuída pelo modo-"eu", esquece a sua verdadeira natureza e apresenta-se como o ego.

D: Como pode a testemunha imutável confundir-se com o ego mutável?

M: Assim como um homem que delira sente-se alçado no ar, um bêbado fica fora de si, um louco fala incoerentemente, um sonhador empreende jornadas oníricas ou um homem possuído age de modo estranho, a testemunha, embora seja imaculada e imutável, quando está sob a influência maliciosa do ego fantasmagórico aparenta estar transformada em "eu".

D: É o modo-"eu" da mente que apresenta a testemunha transformada em ego, ou é o próprio modo-"eu" que aparece modificado como ego na testemunha?

M: Bem, esta pergunta não faz sentido, pois, como o modo-"eu" não tem existência separada do Ser, não pode manifestar-se por si só. Portanto, deve apresentar o Ser como se tivesse sido modificado em ego.

D: Por favor, explique melhor.

M: Assim como o fator ignorância na corda não pode projetar a si mesmo como cobra, mas tem de fazer a corda parecer ser uma cobra; na água, não podendo manifestar a si mesmo, faz com que a água se manifeste como espuma, bolhas e ondas; no fogo, em si incapaz [de se manifestar], faz com que este se apresente como faíscas; e no barro que, não podendo apresentar a si mesmo, apresenta-se como pote, também o poder na testemunha não pode manifestar a si mesmo; então, apresenta a testemunha como ego.

D: Mestre, como se pode dizer que através de *Māyā* o Ser é fragmentado em egos individuais? O Ser não está relacionado a nada mais; permanece imaculado e imutável como o éter. Como pode ser afetado por *Māyā*? Falar da fragmentação do Ser não é tão absurdo quanto dizer: "*Vi uma pessoa pegando o éter e moldando-o na forma de um homem; ou acomodando o ar dentro de um barril*"? Estou agora afundado no oceano do *samsāra*. Por favor, socorra-me.

M: *Māyā* é assim denominada porque pode tornar possível o impossível. É o poder que torna visível o que não esteve sempre ali, como um mágico que faz o público ver uma cidade celeste em pleno ar. Se um homem pode fazer isso, não pode *Māyā* também fazê-lo? Aí não existe nada de absurdo.

D: Por favor, esclareça isso para mim.

M: Considere o poder que o sono tem de provocar visões oníricas. Um homem deitado numa cabana, num quarto fechado, adormece e, ao sonhar, vagueia, assumindo a forma de aves e animais. O sonhador está dormindo em sua casa; o sonho apresenta-o como alguém percorrendo as ruas de Benares ou caminhando sobre as areias de Setu. Embora o que dorme esteja deitado, inalterável, no sonho ele voa pelo ar, mergulha de cabeça num abismo ou corta fora uma de suas mãos, carregando-a na outra. No sonho em si, não se questiona a sua consistência ou qualquer outra coisa. Tudo o que nele é visto parece ser adequado e não é criticado. Se o simples sono pode tornar possível o impossível, o que há de extraordinário em *Māyā* Onipotente criar este indescritível universo? É sua própria natureza.

Como ilustração, mencionarei uma história do *Yoga Vasishta*. Era uma vez um rei chamado Lavana, uma joia da linhagem Ikshvaku. Certo dia, quando todos estavam reunidos do salão principal da corte, apareceu um mágico. Rapidamente, ele aproximou-se do rei, saudou-o e disse: *"Majestade, mostrar-lhe-ei uma maravilha, olhe!"* No mesmo instante, ele sacudiu um abano de penas de pavão diante do rei. O rei ficou tonto, esqueceu de si mesmo e viu uma grande ilusão, como um sonho extraordinário. Encontrou um cavalo à sua frente, montou-o e cavalgou-o, indo caçar numa floresta. Depois de longas horas caçando, sentiu sede, mas não encontrou água, e sua fadiga foi aumentando. Foi então que viu aproximar-se uma garota de casta inferior, carregando um alimento grosseiro em um prato de barro. Levado pela fome e pela sede, o rei pôs de lado todas as restrições de casta, bem como o seu senso de dignidade pessoal, e pediu alimento e bebida à jovem. Ela se prontificou a atendê-lo, com a condição de que ele a tomasse como legítima esposa. Sem hesitar, o rei concordou, pegou o alimento fornecido e, depois, foi para a aldeia da jovem, onde ambos viveram como marido e mulher e tiveram dois filhos e uma filha.

Durante todo este tempo, o rei esteve sempre sentado em seu trono. Contudo, no curto período de uma hora e meia, ele vivera outra vida ilusória de miséria, abrangendo vários anos. É assim que Vasishta contou várias longas histórias a Rama, para lhe dar uma forte impressão do maravilhoso jogo de *Māyā*, pelo qual o impossível torna-se facilmente possível[15].

Não existe ilusão que esteja além do poder de expansão da mente, e não há quem não seja iludido por ela. Sua característica é conseguir o impossível. Nada consegue escapar do seu poder. Até mesmo o Ser, que é sempre imutável e imaculado, aparentemente foi mudado e maculado.

D: Como isso pode acontecer?

M: Veja como o céu, que é indivisível e imaculado, parece ser azul. Também o Supremo Ser, embora sempre

---

[15] A história aparece na obra *Yoga Vasishta*.

puro, foi recoberto [por *Māyā*] com o ego e é obrigado a desfilar como alma individual (*jīva*), assim como o rei Lavana viveu como um miserável de casta inferior.

D: Se o Ser Supremo tivesse, ao aderir ao modo-"eu" da mente, tornado-se a alma ilusória, deveria aparecer como uma única alma (*jīva*). Mas há muitas almas individuais (*jīvas*). Como pode a Realidade única manifestar-se como inúmeras almas individuais?

M: Tão logo a ilusão da existência de uma única alma passa a operar no Puro Ser Supremo, ela naturalmente gera outras almas individuais (*jīvas*) ilusórias no Puro Espaço da Sabedoria. Se um cão entra num aposento coberto de espelhos, isso primeiro origina o reflexo em um espelho; em seguida, por uma série de reflexos, há inumeráveis reflexos e o cão, encontrando-se rodeado por tantos outros cães, rosna e quer brigar. O mesmo acontece com o Ser do Espaço da Consciência pura e não dual – a ilusão de uma alma individual (*jīva*) é, forçosamente, associada à ilusão de várias *almas*.

Novamente, o hábito de ver o mundo como você-eu-ele, etc., obriga o sonhador a ver entidades ilusórias semelhantes também nos sonhos. Igualmente, os hábitos acumulados em nascimentos passados fazem com que o Ser, que é apenas puro Espaço-Sabedoria, veja inúmeras almas individuais (*jīvas*) ilusórias, mesmo agora. O que pode haver além do âmbito de *Māyā* que, em si, é insondável? Agora, com isso estabelecido, ouça como os corpos e as esferas foram criados.

Assim como o Supremo Ser é apresentado como "eu" pelo modo-"eu" de *Māyā*, Ele também é apresentado pelo modo-"isto", como o universo com todo o seu conteúdo.

D: Como?

M: O poder da multiplicidade é o modo-"isto", cuja natureza é imaginar "isto" e "aquilo". No Espaço da Consciência, ele reúne as milhões de latências, como "isto" e "aquilo". Sendo movido por essas latências, a alma individual (*jīva*), embora seja o Espaço da Consciência, agora se manifesta como corpo individual, etc., como mundos externos e diversidades.

D: Como?

M: Primeiro, a mente aparece no indivisível Espaço da Consciência. Seus movimentos formam as latências já mencionadas, que se manifestam sob várias formas ilusórias, como "eis o corpo com órgãos e membros"; "eu sou este corpo"; "aqui está meu pai"; "eu sou seu filho"; "tenho tal idade"; "estes são nossos amigos e parentes"; "esta é nossa casa"; "eu e você"; "isto e aquilo"; "bom e mau"; "prazer e dor"; "prisão e libertação"; "castas, credos e deveres"; "deuses, homens e outras criaturas"; "alto, baixo e médio"; "o experienciador e as experiências"; "muitos milhões de esferas" – e assim por diante.

D: Como podem as próprias latências aparecer como o vasto universo?

M: Um homem imóvel e feliz no sono profundo, ao ser agitado com as latências que surgem, tem visões oníricas ilusórias de mundos e de criaturas, que nada são além dos estados latentes em si mesmo. Igualmente, no estado de vigília, ele também é iludido pelas latências que se manifestam como mundos e criaturas.

D: Bem, mestre, um sonho nada mais é do que a reprodução de impressões mentais formadas no estado de vigília, que antes estavam dormentes. Os sonhos reproduzem experiências passadas. Portanto, é correta a afirmação de que vemos, nos sonhos, apenas criações mentais. Se isso também for verdade em relação ao mundo de vigília, ele deve ser a reprodução de algumas impressões do passado. O que são as impressões que originam as experiências de vigília?

M: Assim como as experiências do estado de vigília originam o mundo onírico, também as experiências das vidas passadas fazem surgir o mundo do estado de vigília que, apesar disso, é ilusório.

D: Se a experiência atual resulta da experiência precedente, o que originou esta última?

M: Foi a experiência precedente a esta, etc.

D: Isso pode retroceder até a época da criação. Na dissolução, todas essas impressões devem ter sido dissolvidas. O que sobrou para iniciar a nova criação?

M: Assim como as suas impressões acumuladas em um dia ficam dormentes no sono profundo e se manifestam no dia seguinte, também as impressões do ciclo (*kalpa*) anterior reaparecem no ciclo seguinte. Assim, as impressões de *Māyā* não têm início, mas aparecem e reaparecem.

D: Mestre, o que foi vivenciado em dias anteriores pode agora ser lembrado. Por que não lembramos as experiências de vidas passadas?

M: Isto é assim. Veja como as experiências da vigília se repetem no sonho; contudo, não são apreendidas como no estado de vigília, e sim de modo diferente. Por quê? Porque o sono faz toda a diferença, porquanto oculta os aspectos originais e distorce-os, de modo que a mesma experiência, repetida no sonho, tem um cenário diferente, muitas vezes aberrante e incerto. Similarmente, as experiências de vidas passadas foram afetadas por estados de coma e mortes, de modo que o cenário atual é diferente dos anteriores e a mesma experiência, repetida de um modo diferente, não consegue evocar o passado.

D: Mestre, sendo as visões oníricas apenas criações mentais, são transitórias, e logo descartadas como irreais.

Assim, diz-se com propriedade que são ilusórias. Contrariamente, o mundo de vigília é visto como duradouro, e todas as evidências parecem mostrar que ele é real. Como pode ele ser classificado, tal como os sonhos, como algo ilusório?

M: No sonho, as visões são vivenciadas como algo comprovado e real; naquele momento, não são sentidas como irreais. Da mesma forma, na hora da experiência, o mundo da vigília também parece algo comprovado e real. Contudo, quando você desperta para sua verdadeira natureza, isso também será descartado como irreal.

D: Qual é, então, a diferença entre o estado de vigília e o de sonho?

M: Ambos são apenas mentais e ilusórios; que não haja nenhuma dúvida a esse respeito. Mas o mundo de vigília é uma ilusão prolongada, e o sonho é uma ilusão curta. Esta é a única diferença, e nada mais.

D: Se a vigília é apenas um sonho, quem é o sonhador aqui?

M: Todo o universo é o produto onírico da Sabedoria Beatífica, imaculada e não dual.

D: Mas um sonho só pode acontecer quando dormimos. Terá o Ser Supremo adormecido, de modo a ver este sonho?

M: O nosso sono corresponde à Sua Ignorância, que

oculta a Sua verdadeira natureza, desde tempos imemoriais. Assim, Ele sonha o sonho do universo. Da mesma forma que o sonhador ilude-se, pensando ser ele próprio quem vivencia os sonhos, também o Ser imutável é, pela ilusão, apresentado como uma alma individual (*jīva*) vivenciando o *samsāra*.

Vendo o corpo, os sentidos e outros elementos oníricos, a *alma* (*jīva*) ilude-se, acreditando que é o corpo, os sentidos, etc.; com eles, dá voltas e mais voltas pelos estados de vigília, de sonho e de sono profundo. Isso forma o seu *samsāra*.

D: O que é o estado de vigília (*jāgrat*)?

M: É o fenômeno do modo-"eu" junto com todos os outros modos mentais e com os objetos relacionados a isso. Imbuindo o sentimento de "eu" no corpo grosseiro do estado de vigília, o indivíduo recebe o nome de *viśva*, o experienciador do estado de vigília.

D: O que é sonho?

M: Depois que os sentidos são retirados das atividades externas, as impressões formadas pelos modos mentais do estado de vigília reproduzem-se como visões nos sonhos. O experienciador deste estado sutil é conhecido como *taijasa* (sonhador).

D: O que é sono profundo?

M: Quando todos os modos mentais estão dormentes na ignorância causal, diz-se que isto é sono profundo. Aqui, o experienciador – conhecido como *prajñā* – tem a beatitude do Ser.

A alma fica dando voltas neste carrossel devido ao funcionamento de seu *karma* passado, que lhe proporciona experiências na vigília, no sonho ou no sono profundo. Isto é *samsāra*. Da mesma forma, a alma está sujeita a nascimentos e mortes resultantes do seu *karma* passado.

No entanto, são apenas manifestações da mente iludida, e irreais. *Jīva* aparenta nascer e morrer.

D: Como podem o nascimento e a morte ser ilusórios?

M: Ouça com atenção o que digo.

Quando a alma individual (*jīva*) é vencida pelo sono, o contexto do estado de vigília dá lugar a um novo contexto no sonho, de modo a reproduzir experiências passadas, ou então há a perda total de todas as coisas externas e atividades mentais. Da mesma forma, quando ela é subjugada pelo estado de coma antes da morte, o contexto presente é perdido, e a mente fica dormente. *Isso é morte*. Quando a mente retoma a reprodução de experiências passadas em novos ambientes, o fenômeno é denominado *nascimento*. O processo de nascimento inicia com o homem imaginando: *"Aqui está minha mãe; estou no seu útero; meu corpo possui estes membros"*. Então ele se imagina nascido no mundo e, mais tarde, diz: *"Este é meu pai; sou seu filho, tenho tantos e tantos anos de idade; estes são meus amigos e parentes; esta bela casa é minha"* e assim por diante. Esta série de novas ilusões começa com a perda das ilusões anteriores no estado de coma antes da morte, e depende dos resultados de ações passadas.

A alma, sobrepujada pelo irreal estado de coma anterior à morte, tem diferentes ilusões, de acordo com suas diferentes ações passadas. Após a morte, ela acredita: *"Aqui é o céu; é adorável, estou nele; sou agora um maravilhoso ser celestial; há tantas donzelas celestes encantadoras a meu serviço; tenho néctar para beber"*; ou *"Eis a região da Morte; aqui está o Deus da Morte; estes são os mensageiros da Morte; oh, são tão cruéis – arremessam-me ao inferno!"*; ou *"Eis a região dos Pitrs;* ou de Brahma, ou de *Vishnu* ou de Shiva" – e assim por diante. Portanto, segundo a sua natureza, as tendências do *karma* passado apresentam-se como ilusões de nascimento, morte, passagem para o céu, para o inferno ou para outras regiões – perante o Eu Real, que é sempre o imutável Espaço da Consciência. São apenas ilusões da mente – irreais.

No Ser do Espaço da Consciência existe o fenômeno do universo, como uma cidade celestial vista em pleno ar. É reputada como algo real, mas realmente não o é. É composta de nomes e formas, e não é nada além disso.

D: Mestre, não apenas eu, mas todos vivenciam diretamente o mundo de seres animados e coisas inanimadas e aceitam-no como algo comprovado e real. Como se diz que é irreal?

M: O mundo, com todo o seu conteúdo, é apenas sobreposto ao Espaço da Consciência.

D: O que causa a sobreposição?

M: Ignorar o Eu Real.

D: E como ocorre a sobreposição?

M: Assim como uma tela de seres animados e coisas inanimadas apresenta uma cena sobre um segundo plano.

D: Enquanto as escrituras declaram que o universo inteiro foi criado pela vontade de Deus (*Ishwara*), o senhor diz que foi criado por nossa própria ignorância. Como conciliar essas duas afirmações?

M: Não há contradição. As escrituras dizem que Deus (*Ishwara*), por intermédio de *Māyā*, criou os cinco elementos e combinou-os de vários modos para criar a diversidade do universo, mas é tudo falso.

D: Como podem as escrituras afirmar uma inverdade?

M: Elas são guias para os ignorantes e não têm o significado que superficialmente aparentam.

D: Como assim?

M: Tendo o homem esquecido a sua verdadeira natureza como Espaço da Consciência, completamente perfeito, ele é iludido pela Ignorância e identifica-se com um corpo, etc., e considera-se um indivíduo insignificante, com capacidade inferior. Se lhe for dito que ele é o criador de todo o universo, ele zombará da ideia e recusar-se-á a ser guiado. Assim, descendo ao seu nível, as escrituras colocam *Ishwara* como criador do universo. Mas não é a verdade. Por outro lado, as escrituras revelam a Verdade ao buscador competente. Você agora está confundindo uma história da carochinha com a verdade metafísica. Neste sentido, você talvez recorde da história infantil no *Yoga Vasishta*.

D: Qual?

M: É uma bela história para ilustrar o vazio do universo. Ao ouvi-la, desaparecerão todas as falsas noções de que o mundo é real e de que foi criado por Deus (*Ishwara*). Resumidamente, a história é esta:

Uma criança pediu à sua babá que lhe contasse uma história interessante. Assim, a babá narrou a seguinte história:

Babá: Era uma vez um rei poderosíssimo, que reinava sobre todos os três mundos, e cuja mãe era estéril. Sua palavra era lei para todos os outros reis desses mundos. O filho da estéril mãe, possuía extraordinários poderes de ilusão para fazer, fomentar e desfazer mundos. Conforme quisesse, podia assumir qualquer um dos três corpos: branco, amarelo ou negro. Quando assumiu o corpo amarelo, o rei sentiu o desejo premente de criar uma cidade e assim o fez, como um mágico.

Criança: Onde fica a cidade?

Babá: Está suspensa em pleno ar.

Criança: Como se chama?

Babá: Irrealidade Total.

Criança: Como é construída?

Babá: Possui quatorze estradas reais, cada uma dividida em três seções, nas quais existem, respectivamente, muitos jardins aprazíveis, imensas mansões e sete luxuosas cisternas – adornadas com fios de pérolas. Duas lâmpadas – uma quente e outra fria – iluminam permanentemente a cidade. Nela, o filho da estéril mãe construiu muitas belas casas, algumas nas áreas altas, outras nas áreas intermediárias e outras nas áreas baixas. Cada uma possui um negro telhado aveludado, nove portais, várias janelas para que a brisa entre, cinco lâmpadas, três colunas brancas e paredes lindamente rebocadas. Com sua mágica, ele criou fantasmas assustadores, um para guardar cada casa. Assim como um pássaro entra no ninho, ele entra em qualquer uma das casas quando quer e diverte-se ao seu bel prazer.

Com o corpo negro, ele protege as casas por intermédio de guardas fantasmas. Com o corpo branco, ele as reduz a cinzas, instantaneamente. O filho da estéril mãe que, como um louco, repetidamente produz, protege e destrói a cidade segundo seus caprichos, ficou, certa vez, cansado após o trabalho e foi refrescar-se com um banho nas copiosas águas da miragem e, orgulhosamente, cobriu-se de flores colhidas do céu. Eu o vi; logo ele virá aqui para presenteá-la com quatro colares de pedras preciosas feitos do brilho de fragmentos de vidro quebrado e com tornozeleiras de prata nacarada.

A criança acreditou na história e ficou contente. O mesmo se dá com o tolo que aceita este mundo como real.

D: Como a história ilustra a questão?

M: A criança da lenda é o ignorante homem mundano; a babá é a escritura que fala da criação feita por Deus (*Ishwara*); o filho da estéril mãe é *Ishwara*, nascido de *Māyā*; seus três corpos são as três qualidades de *Māyā*; sua adoção de corpos é a manifestação dos aspectos de *Brahma*, *Vishnu* ou *Rudra*. No corpo amarelo, *Brahma*, que é o fio que percorre o universo inteiro, cria-o no Espaço da Consciência, que corresponde ao pleno ar na fábula; o seu nome é Absoluta Irrealidade; as quatorze estradas reais são os quatorze mundos[16] ; os jardins aprazíveis são as florestas; as mansões são as cadeias de montanhas; as

[16] A teologia hindu considera a existência de quatorze mundos: sete superiores, e sete inferiores. A Terra seria o mais inferior entre os sete superiores.

duas lâmpadas são o Sol e a Lua e as luxuosas cisternas adornadas com fios de pérolas são os oceanos, nos quais tantos rios deságuam.

As casas construídas nas áreas altas, intermediárias e baixas são os corpos dos seres celestiais, dos homens e dos animais; as três colunas brancas são o esqueleto dos ossos; e o reboco nas paredes é a pele; o telhado negro é a cabeça com o cabelo; os nove portais são as nove passagens do corpo[17] ; as cinco lâmpadas são os cinco sentidos e o guarda fantasma é o ego.

E *Ishwara*, o rei que é filho da estéril mãe *Māyā*, tendo construído as casas dos corpos, nelas entra à vontade como almas individuais (*jīvas*), diverte-se em companhia dos fantasmas dos egos e vai de um lado para outro, sem objetivo.

Com o corpo negro, ele funciona como *Vishnu*, ou *Virāt*, e sustenta o universo. Com o corpo branco é *Rudra*, o Destruidor, o Habitante de tudo, que recolhe todo o universo em si. Essa é a sua brincadeira e ele está contente com isso. Diz-se que este prazer é o rei refrescando-se nas águas da miragem. Seu orgulho é o de sua soberania. As flores celestes são os atributos: a onisciência e a onipotência. As tornozeleiras são o céu e o inferno; os quatro colares de vidro brilhante são os quatro estágios de *Mukti* – igualdade de posição (*Sālokya*), igualdade de condição

[17] Os textos hindus mencionam a existência de sete "entradas" ou "passagens" do corpo: crânio, dois olhos, duas orelhas, duas narinas, órgão genital e ânus.

(*Samipya*), igualdade de poder (*Sārūpya*) e identidade final (*Sāyujya*). A esperada chegada do rei com os presentes é o culto às imagens – que atende às orações dos devotos.

Deste modo, o estudante ignorante das escrituras é iludido por sua Ignorância, que o faz acreditar que o mundo é real.

D: Se o céu, o inferno e os quatro estágios de beatitude (*Mukti*) são todos falsos, por que uma parte das escrituras prescreve métodos para alcançar o céu, ou a beatitude?

M: Ao ver o filho sofrer de dor de estômago, uma amorosa mãe, desejando dar-lhe pimenta e sabendo que o filho não aprecia pimenta, mas adora mel, gentilmente atrai a criança com um pouco de mel, antes de forçá-la a engolir a pimenta. Da mesma forma, as escrituras, em sua misericórdia, vendo o estudante ignorante sofrer no mundo e desejando fazê-lo perceber a verdade, mas sabendo do amor do estudante pelo mundo e sua aversão à Realidade não dual – que é sutil e difícil de compreender – gentilmente o atraem com os doces prazeres do céu, etc., antes de expor-lhe a Realidade não dual.

D: Como podem as ideias de céu, etc., conduzi-lo à Realidade não dual?

M: Com ações corretas, ganha-se o céu; com práticas austeras e devoção a *Vishnu*, ganha-se os quatro estágios de beatitude. Sabendo disso, um homem pratica o que gosta, dentre estas coisas. Repetindo as práticas ao longo de vários renascimentos, a mente torna-se pura e se afasta dos prazeres sensoriais, para receber o ensinamento mais elevado da Realidade não dual.

D: Mestre, reconhecendo que o céu, o inferno, etc., sejam falsos, como pode Deus (*Ishwara*), tantas vezes mencionado nas escrituras, também ser declarado irreal?

M: Bem, as passagens que falam de Deus em toda a Sua glória são seguidas de outras que dizem que Deus é produto de *Māyā*, e a alma individual (*jīva*) da Ignorância (*Avidyā*).

D: Por que as escrituras se contradizem em passagens de significados diferentes?

M: Seu propósito é fazer com que o estudante purifique a mente por seus próprios esforços, com boas ações, práticas austeras e devoção. Para atraí-lo, diz-se que isso lhe trará satisfação. Sendo inanimadas, essas coisas não podem, por si mesmas, render frutos. Assim, é dito que o onipotente Deus distribui os frutos das ações. É assim que Deus entra em cena. Depois as escrituras dizem que a alma (*jīva*), Deus (*Ishwara*) e o universo são igualmente falsos.

Deus, o produto da ilusão, não é mais real do que o sujeito do sonho, produto do sono. Está na mesma categoria que a alma, produto da ignorância, ou do sujeito do sonho, produto do sono.

D: As escrituras dizem que Deus é produto de *Māyā*, então como podemos afirmar que Ele é produto da Ignorância?

M: O ignorar o Eu Real pode funcionar de forma individual ou total, assim como falamos de uma árvore isolada ou da floresta inteira. A Ignorância total de todo o universo é denominada *Māyā*. O seu produto, Deus, age como *Virāt* no estado de vigília universal; como *Hiranyagarbha* no estado onírico universal, e como o Habitante no estado de sono profundo universal. Ele é onisciente e onipotente. Principiando com a Vontade de criar e terminando com a [Sua] entrada em todas as criaturas, isso é o Seu *samsāra*.

Diz-se que a ignorância individual é simplesmente ignorância. Seu produto, a alma individual, opera como *viśva*, *taijasa* e *prajñā*, nos estados individuais de vigília, sonho e sono profundo, respectivamente. Seu conhecimento e capacidade são limitados. Diz-se que ele é o agente e o experienciador. O seu *samsāra* consiste em tudo que existe entre as suas atuais atividades de vigília e a Libertação final. Deste modo, as escrituras deixam claro que Deus, a alma individual e o universo são todos ilusórios.

D: Agora, mestre, assim como ignorar a corda pode dar origem apenas à ilusão de uma cobra, nossa ignorância também pode espalhar a ilusão de sermos uma alma individual (*jīva*). Contudo, como isso pode ser ampliado para criar também as ilusões de Deus e o universo (*Ishwara* e *jagat*)?

M: A Ignorância não tem partes separadas; age como um todo e produz todas as três ilusões ao mesmo tempo. Quando a alma se manifesta no estado de vigília e de sonho, Deus (*Ishwara*) e o universo também se manifestam. Quando a alma é dissolvida, os outros também o são. Isso é comprovado pela nossa experiência das manifestações de vigília e de sonho e do seu desaparecimento no sono profundo, nos desmaios, na morte e no *samādhi* [absorção meditativa].

Além disso, simultaneamente ao aniquilamento final do estado de ser alma, pela sabedoria, os outros [Deus e o universo] também são finalmente aniquilados junto com ele. Os sábios, cuja ignorância foi completamente perdida, juntamente com todas as ilusões que a acompanham, e que só estão conscientes como Ser, vivenciam diretamente a Realidade não dual. Daí ser claro que ignorar o Ser é a causa básica de todas as três ilusões – alma (*jīva*), universo (*jagat*) e Deus (*Ishwara*).

D: Mestre, se *Ishwara* é a ilusão da Ignorância, Ele deveria manifestar-se como tal. Em vez disso, aparece como origem do universo e nosso criador. Não parece razoável dizer que *Ishwara* e o universo são ambos produtos ilusórios. Em vez de aparecer como nossa criação, Ele aparece como nosso criador. Não é contraditório?

M: Não. Nos sonhos o sonhador vê o seu pai, morto há

muito tempo. Embora o pai seja criado pelo sonhador como uma ilusão onírica, ele sente que o outro é o pai e que ele próprio é o filho, e que herdou a propriedade paterna que, repito, é sua própria criação. Agora, veja como o sonhador cria indivíduos e coisas, relaciona-se a eles e pensa que existiam antes e que ele veio depois. O mesmo ocorre com Deus, com o universo e com a alma individual. É apenas o truque de *Māyā*, que pode tornar possível o impossível.

D: Como pode ser *Māyā* tão poderosa?

M: Não é de se admirar. Veja como um mágico comum pode fazer um auditório inteiro ver uma cidade celeste em pleno ar, ou como você mesmo pode criar um mundo maravilhoso para si, em sonhos. Se isso é possível para indivíduos com poderes medianos, como a manifestação não seria possível para *Māyā*, que é a causa material do universo? Para concluir, todas essas coisas – inclusive Deus, a alma e o universo – são aparências ilusórias resultantes de nossa ignorância, e estão sobrepostas à Realidade Única, o Ser.

Isso nos leva a considerar os modos de remover a sobreposição.

Capítulo II

A REMOÇÃO DA SOBREPOSIÇÃO (*apavada*)

D: Mestre, diz-se que a Ignorância não tem começo; conclui-se que não terá fim. Como pode ser banida a Ignorância que não tem princípio? Sendo o oceano da misericórdia, diga-me isto, por favor.

M: Sim, meu filho; você é inteligente e consegue entender coisas sutis. Você falou certo. Verdadeiramente, a Ignorância não tem começo, mas tem um fim. Diz-se que o surgir da Sabedoria é o fim da Ignorância. Assim como a aurora bane a escuridão da noite, também a luz do Conhecimento bane a escuridão da Ignorância.

Para evitar confusão, no mundo tudo pode ser considerado quando se analisam suas características individuais sob as seguintes categorias: causa, natureza, efeito, limite e fruto. A Realidade transcendental, sendo não dual, está além de tudo isso; mas todo o resto, de *Māyā* em diante, sendo erroneamente visto Nela, está sujeito à análise acima.

Destes, *Māyā* não tem causa antecedente porque não é produto de nada que a preceda; por outro lado, permanece em *Brahman*, autoevidente e sem início. Antes da criação não poderia haver qualquer causa para sua manifestação e, no entanto, ela se manifesta e tem de ser por si mesma.

D: Existe alguma autoridade por trás desta afirmação?

M: Sim, palavras de Vasishta. Ele diz: "*Assim como as bolhas surgem espontaneamente na água, também o poder de manifestar nomes e formas surgiu do Ser transcendental, onipotente e perfeito*".

D: Mas *Māyā* tem de ter uma causa. Assim como o barro não pode se tornar um jarro sem a ação do oleiro, também o Poder que permanece o tempo todo não manifesto em *Brahman* só pode manifestar-se pela vontade de Deus (*Ishwara*).

M: Na dissolução, permanece apenas o *Brahman* não dual, e não *Ishwara*. Claramente, não pode haver a Sua vontade. Quando é dito que na dissolução tudo é recolhido da manifestação e permanece não manifesto, significa que as almas individuais (*jīvas*), todo o universo e Deus tornaram-se não manifestos. O não manifesto *Ishwara* não pode exercer a Sua vontade. O que acontece é isto: assim como o poder dormente do sono apresenta-se como sonho, também o poder dormente de *Māyā* apresenta-se como esta pluralidade, consistindo de Deus, de Sua vontade, do universo e das almas individuais. Deus é, assim, produto de *Māyā* e não pode ser a origem de Sua origem. Portanto, *Māyā* não tem causa antecedente. Na dissolução, permanece apenas o Ser Puro, destituído de vontade e que não admite mudança. No momento da criação, *Māyā* – que até então permaneceu não manifesta no Puro Ser – passa a brilhar por si mesma como mente. Pelo jogo da mente, a pluralidade aparece como Deus (*Ishwara*), os mundos e as almas individuais (*jīvas*), como uma mágica. *Māyā* manifesta é criação, e *Māyā* não manifesta é dissolução. Assim, por conta própria, *Māyā* aparece ou se retira e, assim, não tem início. Por isso dizemos que não houve causa antecedente para ela.

D: Qual é a sua natureza?

M: É inexprimível. Como sua existência é posteriormente invalidada, ela não é real; porém, como é efetivamente experimentada, também não é irreal; nem pode ser uma mistura dos dois opostos, o real e o irreal. Portanto, os sábios dizem que é indescritível (*anirvachanīya*).

D: Então, o que é real e o que é irreal?

M: É real o que é substrato de *Māyā*, o Puro Ser ou *Brahman*, e que não admite dualidade. É irreal o fenômeno ilusório, que consiste de nomes e formas e é chamado de universo.

D: O que pode ser dito de *Māyā*?

M: Não é nenhum dos dois. É diferente do substrato real e também do fenômeno irreal.

D: Por favor, explique isso.

M: Digamos que haja fogo; é o substrato. Fagulhas saltam do fogo; são suas modificações. As fagulhas não são vistas no próprio fogo, mas saem dele. Uma observação desse fenômeno faz-nos inferir um poder inerente ao fogo, que produz as fagulhas.

O barro é o substrato; dele é feita uma esfera oca com um pescoço e uma abertura, e é chamado de jarro. Este fato faz-nos inferir que há um poder que não é nem barro, nem jarro, e sim diferente de ambos.

A água é o substrato e as bolhas são seus efeitos; um poder diferente de ambos é daí inferido. Um ovo de serpente é o substrato e o filhote de serpente é o produto; um poder diferente do ovo e do filhote de serpente é daí inferido. Uma semente é o substrato, e o broto da planta, o produto; um poder diferente da semente e do broto é daí inferido. A alma individual, imutável no sono profundo, é o substrato, e o sonho é o efeito; um poder diferente da alma individual e do sonho é inferido, depois de despertar do sono.

Do mesmo modo, o poder latente em *Brahman* produz a ilusão do universo. O substrato deste poder é *Brahman* e o universo é seu efeito. Este poder não pode ser nenhum dos dois, e sim diferente de ambos. Não pode ser definido. Entretanto, ele existe. Mas permanece insondável. Portanto, dizemos que a "natureza" de *Māyā* é indescritível.

D: Qual é o "efeito" de *Māyā*?

M: Consiste em apresentar a ilusão da alma individual, de Deus e do universo sobre o substrato não dual de *Brahman*, devido a seus poderes de projeção e encobrimento.

D: Como?

M: Tão logo o poder dormente se apresenta como mente, as latências mentais brotam e crescem como árvores que, juntas, formam o universo. A mente brinca com suas latências, que surgem como pensamentos e se materializam como universo, que, assim, é apenas uma visão onírica. As almas e *Ishwara*, sendo o seu conteúdo, são tão ilusórios quanto este devaneio.

D: Por favor, explique o seu caráter ilusório.

M: O mundo é um objeto, e é visto como resultado da exibição da mente. As almas e Deus estão nisto incluídos. As partes só podem ter a mesma realidade que o todo. Suponha que o universo esteja pintado em cores, numa parede. As almas (*jīvas*) e Deus (*Ishwara*) serão as figuras na pintura. As figuras só podem ter a mesma realidade que a pintura em si.

Aqui, o universo em si é um produto da mente, e *Ishwara* e as almas formam partes do mesmo produto. Portanto, devem ser apenas projeções mentais, e nada mais. Isto fica claro na Escritura (*Sruti*), que diz que *Māyā* deu origem às ilusões de Deus e das almas, e também fica claro no *Vasishta smriti*, onde Vasishta diz que, como mágica, as latências revolvem-se na mente como ele-eu-tu-isto-aquilo-meu filho-minha propriedade, etc.

D: Onde esse *smriti* fala de Deus, alma individual e universo?

M: Em sua afirmação *Sohamidam* – isto é, Ele-eu-isto – "Ele" significa o invisível *Ishwara*; "eu" significa a alma desfilando como ego, o agente, etc.; "isto" significa todo o Universo objetivo. Das escrituras, do raciocínio e da experiência (*Sruti*, *yukti*, *anubhava*), fica claro que a alma, Deus e o universo são apenas projeções mentais.

D: Como o raciocínio e a experiência apoiam essa visão?

M: Com o surgir da mente na vigília e no sonho, as latências entram em jogo e a alma individual, *Ishwara* e o universo aparecem. Com o apaziguamento das latências no sono profundo, nos desmaios, etc., todos desaparecem.

Isso é a experiência de todos.

Mais uma vez, quando todas as latências são erradicadas pela sabedoria, as almas, Deus e o universo desaparecem de uma vez por todas. Isso está na experiência dos grandes sábios de visão clara e perfeita, estabelecidos na Realidade não dual, além das almas, *Ishwara* e universo (*jagat*). Portanto, dizemos que tudo isso são projeções da mente. Assim é explicado o efeito de *Māyā*.

D: Qual é o limite de *Māyā*?

M: É o conhecimento resultante da inquirição sobre o sentido do *Mahāvākya*[18] . Porque *Māyā* é Ignorância, e a Ignorância subsiste na ausência de inquirição. Quando a não inquirição dá lugar à inquirição, o resultado é o conhecimento correto, o que põe fim à Ignorância.

Agora, ouça. Doenças físicas resultam do *karma* passado; elas subsistem devido à dieta errada e aumentam se isso continua. Ou: a ignorância sobre uma corda projeta uma cobra na visão, e outras alucinações seguem-se a isso, enquanto não houver inquirição a este respeito. Da mesma forma, embora *Māyā* seja autoevidente, sem princípio e espontânea, ainda assim ela subsiste na ausência de inqui-

[18] *Mahāvākyas* são as "grandes frases" objeto de contemplação e meditação, segundo o caminho tradicional do *Advaita Vedānta*. São elas: Eu sou *Brahman* (*aham bramasmi*); Você é Aquilo (*tat vam asi*); Tudo é *Brahman* (*sarvam khalvidam Brahman*); A Consciência é *Brahman* (*prajñām Brahman*); Eu sou Ele (*so ham*).

rição a respeito da natureza do Ser, manifesta o universo, etc., e torna-se cada vez mais sólida.

Surgindo a inquirição, *Māyā* – que até aqui havia se fortalecido diante da ausência de investigação – perde o sustento e, gradualmente, definha com todos os seus efeitos, a saber: o universo, etc. Assim como na ausência de inquirição o fato de ignorar a corda fez com que ela parecesse ser uma cobra – o que desapareceu subitamente com o surgir da inquirição –, também *Māyā* floresce na ignorância e desaparece com o surgimento da inquirição. Assim como a cobra-corda e o poder que produz essa ilusão persistem antes da inquirição, mas, após, acabam em simples corda, também *Māyā* e seu efeito, o universo, persistem antes da inquirição, mas terminam em puro *Brahman* depois.

Como pode uma única coisa aparecer de dois modos diferentes?

M: *Brahman*, o Puro Ser não dual, apresenta-se como universo (*jagat*) antes da inquirição, e mostra-se em Sua verdadeira forma após a inquirição.

Veja como, antes das devidas considerações, o barro parece um jarro e, depois, apenas como barro; ou o ouro aparece como ornamentos e, então, descobre-se que é só ouro. O mesmo ocorre com *Brahman*. Após a inquirição, *Brahman* é percebido como unitário, não dual, inteiro e imutável no passado, presente ou futuro. Nele, não existe nada como *Māyā* ou seu efeito (o universo, etc.). Esta realização é conhecida como Suprema Sabedoria e é limite da Ignorância. Assim, foi descrito o "limite" de *Māyā*.

D: E qual é o "fruto" de *Māyā*?

M: Que ela infrutiferamente se torna nada, é o seu fruto. O berro de uma lebre é apenas um som, sem significado. O mesmo ocorre com *Māyā*, um mero som, sem qualquer significado. Os sábios realizados perceberam isso.

D: Então, por que não estão todos de acordo neste ponto?

M: Os ignorantes acreditam que *Māyā* é real. Aqueles que contemplaram dirão que é indescritível. Os sábios realizados dizem que é não existente, como os chifres de uma lebre. *Māyā* então aparece destes três modos. As pessoas falam disso a partir de seu próprio ponto de vista.

D: Por que os ignorantes a consideram real?

M: Quando se conta uma mentira para assustar uma criança, como a de que existe um fantasma, a criança acredita que é verdade. Da mesma forma, os ignorantes são ofuscados por *Māyā* e creem-na real. Os que inquirem sobre a natureza do *Brahman* Real e do universo irreal à luz das escrituras, descobrem que *Māyā* é diferente de ambos e, sendo incapazes de determinar a sua natureza, dizem que é indescritível. Mas os sábios que obtiveram a Suprema Sabedoria pela inquirição, dizem: "Como uma mãe incinerada pela filha, *Māyā* reduzida a cinzas pela Sabedoria é inexistente, em qualquer época."

D: Como pode *Māyā* ser comparada a uma mãe incinerada pela filha?

M: No processo de inquirição, *Māyā* fica cada vez mais transparente e se transforma em Sabedoria. Assim, a Sabedoria nasce de *Māyā* e, portanto, diz-se que é filha de *Māyā*. Esta, que por tanto tempo floresceu na não inquirição, chega a seu fim com a inquirição. Assim como um caranguejo dá cria para ele próprio morrer, o mesmo ocorre nos últimos dias de inquirição, em que *Māyā* produz a Sabedoria para sua própria destruição. Imediatamente, sua filha, a Sabedoria, incinera-a.

D: Como pode a prole matar os próprios pais?

M: Numa floresta de bambus, estes se movem com o vento, roçam uns nos outros e acabam produzindo fogo, que queima as árvores-mãe. Também a Sabedoria nascida de *Māyā* incinera-a. *Māyā* então permanece apenas em nome, como os chifres de uma lebre. Portanto, os sábios declaram que ela é inexistente. Além disso, o próprio nome indica a sua irrealidade. Os nomes são *Avidyā* e *Māyā*. Destes, o primeiro significa "Ignorância" ou "aquilo que não é"; de novo, "*Māyā* é aquilo que não é". Portanto, é a simples negação. Assim, o "fruto" de *Māyā* é que ela infrutiferamente desaparece no nada.

D: Mestre, *Māyā* se transforma em Sabedoria. Portanto, não se pode dizer que desapareça infrutiferamente no nada.

M: Apenas se a Sabedoria, ou *Māyā* modificada, fosse real, é que se pode dizer que *Māyā* é real. Mas esta Sabedoria é em si mesma falsa. Portanto, *Māyā* é falsa.

D: Como se pode dizer que a Sabedoria é falsa?

M: O fogo resultante do atrito das árvores queima-as e, depois, extingue-se; a noz purificadora arrasta consigo as impurezas da água e sedimenta-se, junto com elas. Da mesma forma, esta Sabedoria destrói a Ignorância e também perece. Como ela também é dissolvida de uma vez por todas, o "fruto" de *Māyā* só pode ser irreal.

D: Se a Sabedoria também acaba por desaparecer, como se pode erradicar o *samsāra*, efeito da Ignorância?

M: *Samsāra*, o efeito da Ignorância, é tão irreal quanto a Sabedoria. Uma irrealidade não pode ser desfeita por outra.

D: Como pode ser feito?

M: A fome de uma pessoa num sonho é saciada por alimento onírico. O alimento é tão irreal quanto a fome e, no entanto, serve ao seu propósito. Da mesma forma, embora a Sabedoria seja irreal, serve ao objetivo. Prisão e libertação são apenas ideias falsas da Ignorância. Assim como o aparecimento e o desaparecimento da cobra/corda são falsos, também o são a prisão e a libertação em *Brahman*.

Concluindo, a Verdade Suprema é apenas *Brahman* não dual. Tudo mais é falso e não existe em momento algum. As escrituras amparam isso, dizendo: "Nada é criado, nem destruído; não há prisão, nem libertação; ninguém está aprisionado, nem ansiando a libertação; não há aspirante, nem praticante, e ninguém libertado. Esta é a Verdade Suprema."[19] Assim, a Remoção da Sobreposição consiste no conhecimento da Realidade não dual, o Ser Puro além de *Māyā* e seus efeitos. Esta Realização é a Libertação, enquanto ainda vivo no corpo físico (*jīva*n*mukti*).

Apenas um estudante meticuloso deste capítulo pode desejar conhecer o processo de inquirição no Ser como meio de desfazer a sobreposição da Ignorância. O buscador apto a esta inquirição deve possuir as quatro qualidades, que serão abordadas no próximo capítulo. Depois, examinaremos o método de inquirição.

O buscador competente deve estudar cuidadosamente estes dois capítulos, antes de seguir adiante.

[19] Trata-se de uma declaração clássica, encontrada pela primeira vez provavelmente no comentário de Rishi Gaudapada ao *Mandukya Upanishad*. Tal ensinamento, que resume a doutrina *ajata* ("não criação") do *Advaita* é amplamente utilizado, sendo citado também por Sri Shankaracharya e Sri Ramana Maharshi. Ensinamentos muito semelhantes são encontrados nas escrituras do Budismo Mahayana, a exemplo do Sutra do Coração.

Capítulo *III*

O MEIO PARA A REALIZAÇÃO (*sadhāna*)

À pergunta: "Como pode existir *samsāra* para o Supremo Eu Real de Ser-Consciência-Beatitude[20] ?", os sábios respondem: "*Quando não manifesto, o poder do Eu Real é denominado* Māyā *e, quando manifesto, denomina-se mente. Este modo de* Māyā, *a Mente insondável, é o broto de* samsāra *para o eu.*"

D: Quem disse que a mente é indescritível?

M: Vasishta disse-o a Rama. Na Consciência não dual a mente é a disposição (*bhāva*) que – sendo diferente da Sabedoria, que é real, e diferente do inanimado, que é irreal – tem a tendência de criar e projetar as latências como

[20] *Sat-chit-Ānanda.*

isto e aquilo; mistura o consciente e o inconsciente e faz com que apareçam sob as categorias "animados" e "inanimados", tendo ela mesma a natureza do animado e inanimado, e sendo sempre oscilante e mutável. Portanto, é indescritível.

Embora seja Ele próprio imutável, o Supremo Ser, associado à mente erroneamente sobreposta, parece ser mutável.

D: Como isso acontece?

M: Assim como um brâmane embriagado comporta-se estranhamente quando está sob o poder do álcool, também o Ser, embora imutável por natureza, estando agora associado à mente, aparenta ter se transformado na alma individual (*jīva*), chafurdando no *samsāra*. Portanto, o *samsāra* do Ser nada mais é do que a própria mente. As escrituras (*Sruti*s) o afirmam.

Sendo a mente o *samsāra*, ela deve ser investigada. Associado à mente que, conforme seus modos, assume a forma de objetos, o homem parece passar pelas mesmas mudanças. Este eterno segredo é revelado no *Maitryiniya Upanishad.* Isso também é confirmado por nossa experiência e pela indução positiva e negativa.

D: Como isso é confirmado por nossa experiência?

M: Quando, no sono profundo, a mente está quieta, o Eu Real (Ser) permanece sem mudanças e sem *samsāra.* Quando, na vigília e no sonho, a mente se manifesta, o Ser parece mudado e apanhado no *samsāra*. Todos sabem disso por experiência própria. É evidente, a partir das escrituras (*Sruti*), dos textos (*smriti*), da lógica e da experiência, que este *samsāra* nada é senão a própria mente. Como se pode contestar este ponto, que é tão óbvio?

D: Como a associação com a mente emaranha o Ser no *samsāra*?

M: A mente, cuja natureza é estar sempre pensando nisto e naquilo, funciona em dois modos – o modo-"eu" e o modo-"isto", como já foi mencionado no Capítulo I, a respeito da Sobreposição. Desses dois, o modo-"eu" tem sempre o conceito único de "eu", enquanto que o modo-"isto" varia de acordo com a qualidade operante no momento: *satva*, *raja*s ou *tamas*, isto é, clareza, atividade ou estagnação.

D: Quem já disse isso antes?

M: Sri Vidyaranyaswami já disse que a mente possui as qualidades *satva*, *raja* e *tamas* e que muda de acordo com elas. Em *satva*, manifestam-se a imparcialidade, a paz, a bondade, etc.; em *raja*s, o desejo, a raiva, a avidez, o medo, os esforços, etc., e, em *tamas*, a preguiça, a confusão, o entorpecimento, etc.

Embora sendo Pura Sabedoria Imutável por natureza, o Supremo Ser, quando associado à mente que muda conforme as qualidades operantes no momento, identifica-se com ela.

D: Como isso pode ocorrer?

M: Você vê como a água, em si, é fria e insípida. No entanto, por associação, pode ser quente, doce, amarga, azeda, etc. Da mesma forma, o Eu Real, que por natureza é Ser-Consciência-Beatitude, aparece como ego quando associado ao modo-"eu". Assim como a água fria associada ao calor fica quente, também o Bem-aventurado Ser, unido ao modo-"eu", torna-se o ego carregado de sofrimentos. Assim como a água, originalmente insípida, fica doce, amarga ou azeda conforme as suas associações, também o Ser de Pura Sabedoria parece imparcial, pacífico e bondoso [*sattva*] ou impetuoso, raivoso e ambicioso [*raja*s], ou ainda torpe e indolente [*tamas*], segundo a qualidade do modo-"isto" no momento.

A escritura diz que o Ser, associado ao *prāna*, etc., aparece respectivamente como *prāna*, mente, intelecto, terra e outros elementos, desejo, raiva, desapaixonamento, etc. Consequentemente, associado à mente, o Ser parece ter-se transformado na alma individual, afundado no sofrimento do infindável *samsāra*, e sendo enganado por inúmeras ilusões, como eu, tu, isto, meu, teu, etc.

D: Agora que o *samsāra* chegou ao Ser, como se pode afastá-lo?

M: Com a total quietude mental, o *samsāra* desaparecerá, causa e efeito. Do contrário, não haverá fim para o *samsāra*, mesmo em milhões de éons.

D: Não será possível livrar-se do *samsāra* por algum outro meio além da aquietação da mente?

M: Absolutamente não; nem os *Vedas*, nem os *shāstras* [comentários], nem as práticas austeras, nem o *karma*, nem votos, nem dons, nem o recitar de escrituras de fórmulas místicas (*mantras*), nem cultos, nem qualquer outra coisa pode desfazer o *samsāra*. Somente a aquietação da mente pode atingir este fim, e nada mais.

D: As escrituras declaram que só a Sabedoria pode conseguir isso. Então, como o senhor diz que a tranquilidade mental põe fim ao *samsāra*?

M: O que é descrito nas escrituras de diversas formas como Sabedoria, Libertação, etc., nada mais é do que o silenciar da mente.

D: Alguma outra pessoa já disse isso antes?

M: Sri Vasishta disse: Quando, pela prática, a mente fica imóvel, todas as ilusões do *samsāra* desaparecem, causa e efeito. Assim como quando o oceano de leite encrespado foi batido para obter o néctar e tornou-se calmo e límpido depois que o batedor foi retirado (a saber: monte Mandara), também ocorre que, ao silenciar a mente, o *samsāra* cai em descanso eterno.

D: Como levar a mente ao silêncio?

M: Pelo desapaixonamento e pelo abandono de tudo que nos é caro, pode-se, por esforço próprio, realizar facilmente essa tarefa. Sem essa paz mental, a Libertação é impossível. Apenas quando todo o mundo objetivo é extinto pela mente desiludida, em consequência do conhecimento que discerne que tudo que não é *Brahman* é objetivo e irreal, é que resultará a Suprema Beatitude. Do contrário, se não há paz mental, por mais que um homem ignorante se esforce e se arraste pelo abismo profundo dos textos espirituais (*shāstras*), não conseguirá obter a Libertação.

Só pode ser considerada morta a mente que, pela prática do *yoga*, perdeu todas as suas tendências e tornou-se pura e imóvel como uma lâmpada bem protegida do vento por uma redoma. Essa morte da mente é a realização mais elevada. A conclusão final de todos os *Vedas* é que a Libertação nada mais é do que a mente silenciada.

Para a Libertação apenas uma mente silenciosa tem valor; riqueza, parentes, amigos, *karma* resultante de movimentos dos membros, peregrinação a lugares santos, banhar-se em águas sagradas, vida em regiões celestiais, práticas austeras, por mais severas que sejam, ou qualquer outra coisa – nada disso serve. Da mesma forma, muitos livros sagrados ensinam que a Libertação consiste em abandonar a mente. Em várias passagens do *Yoga Vasishta* a mesma ideia se repete, de que a Bem-aventurança da Libertação só pode ser alcançada pela extinção da mente, que é a causa principal do *samsāra* e, portanto, de todo sofrimento.

Assim, matar[21] a mente pelo conhecimento dos ensinamentos sagrados, pelo raciocínio e pela experiência pessoal é desfazer o *samsāra*. De que outra maneira pode ser parada a miserável roda de nascimentos e mortes? E como pode a liberdade resultar disso? Nunca. A não ser que o sonhador desperte, o sonho não termina, como não acaba o pavor de estar diante de um tigre, no sonho. Igualmente, se a mente não estiver desiludida, a agonia do *samsāra* não cessará. A única coisa é que a mente precisa ser silenciada. Esta é a realização da vida.

D: Como se pode silenciar a mente?

M: Somente com o *Sānkhya*, que é o processo de inquirição unido à sabedoria. Os sábios realizados declaram que a mente está enraizada na não inquirição e perece pela inquirição bem informada.

D: Por favor, explique este processo.

M: Consiste em *srāvana*, *manana*, *nididhyāsana* e *samādhi*, isto é, em escutar, raciocinar, meditar e na Paz Beatífica, como mencionado nas escrituras. Só isso pode silenciar a mente.

[21] Embora neste e em outros trechos dos ensinamentos verifica-se a utilização de termos como "destruir", "apagar" ou até mesmo "matar" em relação aos pensamentos ou à mente, uma leitura ampla e aprofundada dos ensinamentos Advaita, em especial de Sri Ramana Maharshi, revela que o apontar é de que a mente em si é ilusória ou inexistente. Não se pode, assim, destruir algo que não existe – ou que existe apenas enquanto imaginação. Sabendo disso, talvez fosse melhor ler trechos como este como "abandonar" ou "transcender" a mente.

Também há uma alternativa; diz-se que é o *yoga*.

D: O que é *yoga*?

M: Meditação no Puro Ser livre de qualidades.

D: Onde está a alternativa mencionada e como é?

M: No *Srimad Bhagavad Gitā*, Sri Bhagavan *Krishna* disse: "*O que é obtido com o sankhyā também pode ser obtido com o yoga. Somente aquele que sabe que o resultado dos dois processos é o mesmo pode ser chamado de sábio realizado.*"

D: Como podem os dois resultados ser idênticos?

M: O limite final é o mesmo para ambos, pois ambos acabam na quietude da mente. Isto é *samādhi*, ou Paz Beatífica. O fruto do *samādhi* é a Suprema Sabedoria, que é a mesma, seja qual for o processo utilizado para obtê-la.

D: Se o fruto é o mesmo para ambos, o propósito final pode ser conseguido seguindo-se apenas por um deles. Por que mencionar dois processos, em vez de apenas um?

M: No mundo, os buscadores da verdade têm diferentes graus de desenvolvimento. Em consideração a eles, Sri Bhagavan [*Krishna*] menciona os dois processos, para oferecer uma escolha.

D: Quem é apto para o caminho da inquirição (*Sānkhya*)?

M: Somente um buscador plenamente qualificado está preparado, pois é quem terá êxito, e não os outros.

D: Quais são as *sadhānas*, ou requisitos, para este processo?

M: Os entendidos dizem que as *sadhānas* consistem na habilidade de discernir o real do irreal; em não ter desejo por prazeres, aqui ou no além; na cessação das atividades (*karma*) e no forte desejo pela libertação. Sem estar qualificado com todas as quatro qualidades, por mais que alguém se esforce, não terá êxito na inquirição. Portanto, essa *sadhāna* de quatro aspectos é a condição *sine qua non* para a inquirição[22].

Para começar, é necessário conhecer as características que distinguem estas *sadhānas*. Como já foi ressaltado, as características distintivas categorizam-se como causa, natureza, efeito, limite e fruto. Serão descritas a seguir.

O discernimento (*viveka*) só pode surgir na mente purificada. Sua "natureza" é a convicção, obtida com a ajuda dos ensinamentos sagrados, de que só *Brahman* é real e tudo mais é falso. Estar sempre lembrando esta verdade é o "efeito". O fim é estar estabelecido firmemente na verdade

[22] Sem pretender desmerecer o texto, mas sim no intuito de enriquecer a compreensão, entende-se oportuno citar uma assertiva de enco*raja*mento de Sri Ramana Maharshi. Certa vez o Maharshi disse que "*Na verdade talvez não se possa encontrar nenhuma pessoa no mundo que seja dotada de todas as qualidades, em perfeição, necessárias para um aspirante, tal como mencionado nos Yoga-Sūtras, etc. Mesmo assim, a busca do Autoconhecimento não deve ser abandonada.*" Fonte: *Talks with Sri Ramana Maharshi*. [*Conversas com Sri Ramana Maharshi*, diálogo n. 192 (ocorrido em 03 de junho de 1936)].

que só *Brahman* é, e todo o resto é irreal.

A ausência de desejos (*vairāgya*) resulta do ponto de vista de que o mundo é essencialmente imperfeito. Sua "natureza" é renunciar ao mundo e não desejar nada dele. O "efeito" é rejeitar, com repugnância, todos os prazeres, como se fossem vômito. O término é tratar com desprezo todos os prazeres, terrenos ou celestes, como se fossem vômito, fogo ardente ou o inferno.

A cessação das atividades (*uparati*) pode ser o resultado do *yoga* óctuplo (*ashtangayoga*), a saber: autocontrole (*yama*), disciplina ética (*niyama*), postura firme (*asana*), controle da respiração (*prānāyāma*), controle dos sentidos (*pratyāhara*), mente recolhida na verdade (*dhāranā*), meditação (*dhyāna*) e *samādhi*. Sua "natureza" consiste em dominar a mente. Seu "efeito" é a cessação das atividades mundanas. Seu fim é esquecer o mundo, como no sono, devido à cessação das atividades.

O desejo de ser libertado (*mumukshutva*) começa com a associação a sábios realizados [*jñānīs*]. Sua "natureza" é o anseio pela libertação. Seu "efeito" é permanecer com o mestre. O fim é abandonar todo estudo dos textos (*shāstras*) e toda prática de ritos religiosos.

Quando essas qualidades tiverem atingido o seu limite, como mencionado acima, diz-se que os *sadhānas* estão perfeitos.

Se uma ou mais das *sadhānas* estiver perfeita, mas não todas, a pessoa após a Morte atingirá as regiões celestiais. Se todas estiverem perfeitas, juntas elas rapidamente tornam a pessoa completamente apta à inquirição no Ser. *Somente quando todas as* sadhānas *estão perfeitas a inquirição é possível; do contrário, não.* Mesmo se apenas uma delas não estiver desenvolvida, isso obstruirá a inquirição. Agora abordaremos isso.

Se o desapaixonamento, etc., permanecerem não desenvolvidos, impedem que o discernimento, embora perfeito, remova, por si, os obstáculos para a inquirição no Ser. Você sabe que muitos conhecem profundamente o *Vedānta Shāstra*. Todos eles devem ter esta virtude (discernimento), mas não cultivaram as outras, como desapaixonamento, etc. Portanto, não podem empreender a inquirição no Ser. Este fato deixa claro que o discernimento, sem o desapego, etc., não adianta.

D: Por que até mesmo estudiosos do *Vedānta* não obtiveram êxito na inquirição?

M: Embora eles sempre estudem o *Vedānta* e instruam outros, se não estão livres de desejos, não praticam o que aprenderam.

D: Então o que fazem?

M: Como papagaios, repetem o jargão vedântico, mas não colocam os ensinamentos em prática.

D: O que o *Vedānta* ensina?

M: O *Vedānta* ensina ao homem reconhecer que tudo está carregado de sofrimento, exceto o *Brahman* não dual. Portanto, deve-se abandonar todos os desejos por prazeres; estar livre do amor e do ódio; cortar completamente o nó do ego que aparece como "eu", "tu", "ele", "isto", "aquilo", "meu" e "seu"; livrar-se da noção de "eu" e "meu"; viver indiferente aos pares de opostos como frio e calor, prazer e dor, etc.; permanecer fixo no conhecimento perfeito da igualdade de tudo e não fazer distinções de nenhum tipo; nunca estar ciente de nada além de *Brahman*, e estar sempre vivenciando a Beatitude do Ser não dual.

Embora o *Vedānta* seja lido e bem compreendido, se o desapaixonamento não é praticado, o desejo por prazeres não desaparece. Não existe aversão por coisas agradáveis, e o desejo por elas não sai da pessoa. Se o desejo não é controlado, não desaparecem o apego, a raiva, etc., o ego ou falso "eu" no detestável corpo, o senso de posse representado por "eu" ou "meu" de coisas agradáveis ao corpo, os pares de opostos como prazer e dor e os falsos valores. Por mais instruída que a pessoa seja, se os ensinamentos não forem praticados, na verdade não se aprendeu nada. Como um papagaio, nada mais, a pessoa repetirá que só *Brahman* é real e que tudo mais é falso.

D: Qual a razão disto?

M: Os conhecedores dizem que, como um cão que se deleita com sobras[23] , este homem também se delicia com prazeres externos. Embora se ocupe sempre do *Vedānta*, lendo-o e ensinando-o, não é melhor do que um miserável cão.

Tendo lido todos os *shāstras* e possuindo uma boa base, esses homens ficam convencidos de que sabem tudo, de que são realizados e dignos de respeito; repletos de amor e ódio, supõem-se respeitáveis, mas são apenas burros de carga, apreciados por levarem cargas pesadas por longas distâncias em caminhos difíceis e tortuosos. Não precisam ser considerados, no que diz respeito à Verdade não dual. No mesmo tom, Vasishta falou muito mais a Rama.

D: Já houve casos de homens bem instruídos nos *shāstras* não praticarem os ensinamentos?

M: Ah, muitos. Também lemos sobre eles nos Purānas. Já houve um brâmane, de nome Brahma Sarma. Era muito versado nos *Vedas* e no *Vedānta* e um homem formado também em outras coisas. Ele não praticava o que aprendera, mas dava lições aos outros. Repleto de amor e de ódio, transgredindo o código de conduta por agir conforme sua ganância e, além disso, divertindo-se conforme lhe aprazia, após a morte ele foi para o inferno. Pela mesma razão, muitos mais também foram para o mesmo lado.

[23] O termo utilizado em ingles (*offal*) também pode ser traduzido como "vísceras", o que resulta em uma comparação bem mais marcante – talvez a intenção do original. [N.T.]

No mundo vemos muitos eruditos consumidos pelo orgulho e pela maldade. Sem dúvida, estudar o *Vedānta* faz com que a pessoa seja capaz de discernir. Porém, se isso não estiver acompanhado do desapaixonamento, etc., é inútil e não leva à inquirição.

D: O discernimento conjuntamente com o desapaixonamento será suficiente?

M: Não. Faltando a cessação das atividades, os dois não bastam para a condução exitosa da inquirição. Em sua ausência, não haverá o desejo de inquirir no Ser. Como se pode falar de sucesso aqui?

D: O que fará um homem desapaixonado, se não inquirir no Ser?

M: Não cessando as atividades, não há tranquilidade; não tendo desejos, ele tem aversão por todos os entretenimentos e não pode encontrar prazer em casas, riquezas, arte, etc. Assim, renuncia a isso, retira-se para florestas solitárias e pratica austeridades severas, mas infrutíferas. O caso do rei Sikhidhvaja[24] é um exemplo disso.

D: Então, o discernimento, junto com a ausência de

[24] Sua história aparece no *Yoga Vasishta*. Trata-se de um rei que, em certo momento da sua vida, opta por abandonar toda a sua condição real e seus deveres, e isolar-se na floresta para a busca da Iluminação. Quando ele comunicou a sua decisão à sua esposa, rainha Chudala, esta lhe desencorajou. Rainha Chudala já era iluminada, mas o rei não sabia, e não a escutou. Na floresta o rei realizou diversas práticas austeras por dezoito anos, mas só alcançou a iluminação posteriormente, com a intervenção e ajuda da rainha, que, graças aos seus poderes psíquicos, apareceu-lhe na forma de um guru e lhe ensinou a Verdade.

desejos e a cessação das atividades atingem o objetivo?

M: Não sem o desejo de ser libertado. Se faltar esse desejo, não haverá incentivo para inquirir no Ser.

D: Então, o que fará o homem?

M: Sendo pacífico e não tendo desejos, não fará nenhum esforço e permanecerá indiferente.

D: Já houve homens com estas três qualidades que não chegaram a inquirir no Ser?

M: Sim. O desapaixonamento está implícito em todas as práticas austeras; a mente também fica concentrada para o asceta (*tapasvīs*); contudo, eles não conseguem inquirir no Ser.

D: O que fazem, então?

M: Avessos às buscas externas, com a mente concentrada, eles se mantêm sempre em suspensão animada, como no sono profundo, mas não fazem a inquirição no Ser. Como um exemplo que ressalta isto, o Ramayana diz, a respeito do Rishi Sarabhanga, que, após todas as suas práticas austeras, ele foi para o céu.

D: O céu não faz parte dos frutos da inquirição?

M: Não. A inquirição deve terminar em Libertação, que é estar livre do ciclo de repetidos nascimentos e mortes, e que não admite o trânsito de uma região a outra. O caso de Sarabhanga indica que ele não pôde fazer a inquirição, e não fez. Portanto, todas as quatro qualificações são essenciais para a inquirição.

O simples desejo de ser libertado, não acompanhado das outras três qualidades, não será suficiente. Pelo desejo intenso de libertar-se, um homem pode começar a inquirição, mas, se não tiver as outras qualificações, falhará em sua tentativa. O seu caso será igual ao de um aleijado que deseja ardentemente o mel de um favo que está no alto de uma árvore – ele não consegue alcançá-lo e tem de continuar insatisfeito. Ou, então, o buscador pode aproximar-se de um mestre, entregar-se a ele e beneficiar-se de sua orientação.

D: Que autoridade afirma que um homem intensamente desejoso de libertação, mas sem outras qualificações, continuará sempre infeliz?

M: No *Suta Samhita* é dito que aqueles que desejam os prazeres, e também anseiam pela libertação são, certamente, picados pela mortal serpente do *samsāra* e, portanto, entorpecidos pelo seu veneno. Essa é a autoridade.

As escrituras (*Sruti*s), a razão e a experiência concordam plenamente que todas as quatro qualidades devem estar juntas e completas. Do contrário, ainda que falte só uma, a inquirição não terá êxito, mas, após a morte, haverá acesso a regiões de mérito[25] . Quando todas as quatro qualidades estão perfeitas e conjuntamente presentes, a inquirição é frutífera.

[25] Aqui o texto faz alusão aos diversos "céus" e regiões celestes descritos pelos textos sagrados hindus.

D: Concluindo, quem está apto a inquirir no Ser?

M: Somente quem possui todas as quatro qualidades necessárias, completas, é que está apto; os outros não, por mais que sejam versados nos *Vedas* e nos *shāstras* ou sejam altamente capacitados; tampouco os praticantes de disciplinas austeras, nem os que observam com rigor votos ou ritos religiosos, ou recitam *mantras*; nem adoradores de qualquer tipo, nem os que fazem grandes doações, nem peregrinos errantes, etc. Assim como os ritos védicos não são para os que não se regeneram, também a inquirição não serve para os não qualificados.

D: A falta das qualidades necessárias pode desqualificar até mesmo um erudito muito instruído?

M: Seja ele versado em todo o saber sagrado ou completamente ignorante dele, somente os quatro requisitos podem qualificar alguém para a inquirição. A escritura diz que é apto para esta inquirição *"aquele cuja mente é equânime, que controlou os sentidos, cessou as atividades e possui firmeza"*. Ou seja, os outros não são competentes; apenas os que possuem as quatro virtudes.

D: Existe alguma diferença entre os buscadores competentes?

M: Para inquirir no Ser, não existe absolutamente nenhuma diferença no que diz respeito a casta, fase da vida ou outras questões semelhantes. Seja o buscador um acadêmico notável, erudito, analfabeto, criança, jovem, velho, solteiro, casado, asceta (*tapasvis*), renunciante (*sanyasin*), brâmane, guerreiro (*kshatriya*), comerciante (*vaisya*), servo (*shudras*), intocável (*chandāla*)[26] ou mulher – são somente as quatro qualificações que fazem o buscador. Esta é a opinião incontestada dos *Vedas* e dos textos sagrados (*shāstras*).

D: Impossível. Como podem os analfabetos, as mulheres e os intocáveis (*chandālas*) ser qualificados, à exclusão de um erudito versado nos *shāstras*? Certamente, ele deve ter mais qualificação que os outros. O senhor diz que conhecer os *shāstras* não constitui qualificação, mas a prática dos ensinamentos, sim. Ninguém pode praticar o que não sabe. Como pode um analfabeto qualificar-se nos requisitos?

M: Em resposta, eu pergunto e você responde: como se qualifica o homem instruído?

D: Como ele conhece os ensinamentos dos *shāstras*, sabe que não deve agir (operar o *karma*) para fins egoístas, e sim dedicá-los a Deus, e assim o fará. Com isso, sua mente será purificada e, gradualmente, ele obterá o desapaixonamento e outros requisitos necessários para

[26] Essas últimas cinco "categorias" dizem respeito às castas da sociedade: *brahmins* (professores, estudiosos e acadêmicos), *kshatriyas* (reis, guerreiros e políticos), *vaishyas* (agricultores e comerciantes), *shudras* (trabalhadores e servos) e *harijans*, *chandāla* ou *avarna* (os "intocáveis" ou "sem casta").

a inquirição. Agora, diga-me, como um analfabeto pode qualificar-se?

M: Ele também pode. Embora não seja instruído agora, pode ter aprendido os ensinamentos em nascimentos anteriores e ter dedicado seus atos a Deus; com a mente já suficientemente pura, pode agora obter prontamente as qualidades necessárias para inquirir no Ser.

D: Se, no analfabeto, as *sadhānas* adquiridas em nascimentos anteriores e mais tarde latentes agora se manifestam, por que também não se manifesta o conhecimento por ele aprendido em vidas passadas?

M: Talvez parte do seu *karma* passado impeça só o aprendizado de manifestar-se novamente.

D: Se o que ele aprendeu é obstruído, por que a *sadhāna* também não o é?

M: Embora o aprendizado seja obstruído, os frutos de seu valioso esforço não se perdem; ele não pode perder a competência de inquirir.

D: O que aconteceria se os quatro tipos de *sadhāna* também fossem obstruídos, além do aprendizado?

M: O resultado seria que, por falta das qualidades necessárias, nem o acadêmico nem o outro estariam preparados para inquirir. Ambos estariam em igualdade de condições.

D: Não. Não pode ser. Embora ainda não esteja qualificado, o acadêmico, conhecendo os ensinamentos, pode pô-los em prática e, gradualmente, qualificar-se; já o outro, que com todos os seus estudos ainda não obteve êxito nas vidas anteriores, não tem esperança agora, que esqueceu o que aprendeu e que suas *sadhānas* foram obstruídas. Obviamente, ele não pode ter êxito na inquirição.

M: Não é assim. Embora seja analfabeto, um homem que anseia pela libertação se aproximará de um mestre, dele aprenderá a essência das escrituras, praticará com determinação os ensinamentos e, no fim, terá êxito. Assim como um homem mundano que ignora as escrituras, mas deseja o céu, busca a orientação de um mestre e, pela prática, adoração e disciplina atinge o objetivo, também pelos ensinamentos de um mestre um analfabeto pode certamente se beneficiar tanto quanto o acadêmico com seu conhecimento.

D: Os ritos religiosos só dão frutos de acordo com a seriedade do praticante. Somente quando o buscador da Verdade é determinado é que pode a orientação do mestre atuar do mesmo modo. Como pode ser diferente?

M: Assim como a seriedade é o fator essencial para colher os frutos do *karma*, o mesmo ocorre com a prática das *sadhānas* pelo acadêmico instruído ou pelo discípulo de um mestre. O *karma* ou a *sadhāna* não podem ter êxito se houver falta de interesse neles. Um acadêmico ou um analfabeto colhem os frutos do *karma* de acordo com seu interesse quando da ação. Os que não têm seriedade nem precisam ser considerados, no que diz respeito aos *Vedas* ou a um mestre.

Seja acadêmico ou analfabeto, se a pessoa ainda não se qualificou de acordo com as condições acima, mas agora deseja a libertação, deveria, com a determinação correta, praticar as *sadhānas* para poder qualificar-se agora, pelo menos. Mais tarde, estará preparado para a inquirição. Não se pode, pois, fazer distinção entre o acadêmico e o analfabeto.

D: Se assim é, no que diz respeito ao preparo para a inquirição no Ser, qual a diferença entre um acadêmico e um analfabeto?

M: A diferença está apenas no aprendizado e não na prática da *sadhāna* ou da inquirição.

D: Não, isso não pode ser. Embora o aprendizado não faça nenhuma diferença na *sadhāna*, certamente deve pesar a favor do acadêmico na prática da inquirição.

M: Não é assim. O *Shāstra* não é o meio para inquirição. O meio consiste em ausência de desejos, etc. Só estes podem qualificar um homem para a inquirição; o aprendizado dos textos sagrados (*shāstras*) não faz nenhuma diferença. Portanto, o acadêmico não tem vantagem sobre o analfabeto, no campo da inquirição.

D: Admitindo que o desapaixonamento, etc., formam o meio para o êxito na inquirição, mesmo com as *sadhānas* necessárias a inquirição no Ser deve ser feita somente à luz dos *shāstras*. Portanto, o estudo dos *shāstras* deveria ser indispensável para a inquirição bem-sucedida.

M: Bobagem! Nenhum *Shāstra* é necessário para conhecer o Ser. Será que alguém procura pelo Ser no *Shāstra*? Certamente que não.

D: Apenas se o Ser já é conhecido o *Shāstra* não será necessário para a inquirição no Ser. Mas, se o buscador está iludido, ainda não conheceu a sua verdadeira natureza. Como pode um analfabeto perceber o Eu Real sem estudar os *shāstras*, que tratam da natureza do Ser? Não pode. Portanto, os *shāstras* devem ser aprendidos como uma introdução à realização.

M: Neste caso, o conhecimento do Ser obtido dos *shāstras* será como o do céu mencionado nos *Vedas*, isto é, indireto e não diretamente vivenciado. Este conhecimento corresponde a um boato e não pode ser percepção direta. Assim como o conhecimento da forma de *Vishnu* permanece sempre indireto, sem existir a percepção direta do ser de quatro braços ou, ainda, o conhecimento do céu só pode ser indireto neste mundo, também o conhecimento do Ser contido nos *shāstras* só pode ser indireto. Isso deixa o homem no ponto em que estava, tão ignorante quanto antes. Só o conhecimento fruto da experiência direta pode ser verdadeiro e útil; o Ser é para ser realizado, e não comentado.

D: Alguém já disse isso antes?

M: Sri Vidyaranyaswami disse-o no *Dhyana Deepika*: o Conhecimento da figura de *Vishnu* obtido dos *shāstras* – de que Ele tem quatro braços e segura um disco, uma concha, etc. – é apenas indireto, e não pode ser direto. A descrição pretende servir como uma imagem mental para adoração, e ninguém pode vê-la face a face. Da mesma forma, saber, a partir dos *shāstras*, que o Eu Real é Ser-Consciência-Beatitude, equivale ao conhecimento indireto e não pode ser igual à experiência. Pois o Eu Real é o mais íntimo do indivíduo; é a consciência que testemunha os cinco revestimentos[27] ; é *Brahman*. Não sendo isso percebido, tudo que se obtém ao ler os *shāstras* é um conhecimento superficial. É apenas conhecimento indireto.

D: *Vishnu* ou céu, sendo diferentes do Ser, só podem

[27] O "ser humano" é composto de cinco revestimentos (*kosas*), que velam e limitam a "Realidade" ou o "Eu Real". Fala-se dos cinco revestimentos correspondendo a três corpos, que, conjuntamente, recebem o nome de "corpo". São eles: (a) o **corpo físico ou grosseiro** que corresponde ao revestimento *annamayakosa*; (b) o **corpo sutil ou mental**, composto pelos revestimentos *prānamayakosa* (cuja função é manter a vida através da respiração e forças vitais sutis), *manomayakosa* (ou "mente", responsável pelas sensações e pensamentos), e *viJñānamayakosa* (o intelecto ou consciência discriminativa); e (c) o **corpo causal**, que corresponde ao revestimento *Ānandamayakosa* ("corpo da ignorância" ou "corpo da beatitude"). Os três corpos relacionam-se também aos três estados da mente: o corpo físico ao estado de vigília; o corpo sutil ao estado de sonhos; e o corpo causal que se relaciona ao estado de sono profundo (não sendo nada além de um estado de ignorância ou inconsciência no qual o ego e a mente subsistem apenas de forma latente).

ser objetivos, enquanto o Ser é subjetivo e o conhecimento a seu respeito, independentemente de como é obtido, só pode ser direto, e não indireto.

M: Embora o *Vedānta* ensine espontaneamente e diretamente a Verdade Suprema "Aquilo és tu" – significando que o mais íntimo do indivíduo é *Brahman* – ainda assim a inquirição é o único meio seguro de realização do Ser. O conhecimento da literatura sagrada não basta, pois só pode ser indireto. Apenas a experiência resultante da inquirição no Ser pode ser conhecimento direto.

Vasishta também disse, no mesmo tom: *"Os textos (shāstras), o guru e o ensinamento (upadesa) são todos tradicionais e não fazem com que o buscador perceba, imediatamente e diretamente, o Ser. A pureza da mente do buscador é o único meio para a realização, e não o Shāstra ou o guru. O Ser só pode ser realizado pelo profundo discernimento do indivíduo; por nenhum outro meio. Todos os shāstras estão de acordo neste ponto"*.

A partir daí fica claro que, exceto pela inquirição, o Ser jamais poderá ser realizado, nem mesmo pelo aprendizado do *Vedānta*.

D: O Ser deve ser realizado somente pelo estudo crítico dos *shāstras*. Do contrário, o que pode ser a inquirição no Ser, senão um estudo crítico e analítico dos *shāstras*?

M: No corpo, nos sentidos, etc., persiste o conceito do "eu". A inquirição no Ser é buscar, com uma mente focada e interiorizada, este "Eu" ou "Ser", que é o Ser mais íntimo dentro dos cinco revestimentos. Procurar em qualquer outro lugar fora do corpo, recitando o *Vedānta Shāstra* ou estudando criticamente as suas palavras, não pode ser denominado inquirição no Ser; esta só pode ser a completa investigação da verdadeira natureza do Ser por uma mente penetrante.

D: O Eu Real não pode ser conhecido pela leitura e compreensão dos *shāstras*?

M: Não, porque o Eu Real é Ser-Consciência-Beatitude, diferente dos corpos densos, sutis e causais[28], e testemunha os três estados de vigília, sonho e sono profundo. Estar sempre exercitando os órgãos vocais lendo os textos, ou examinar criticamente as escrituras e decifrar o seu significado através do profundo conhecimento da gramática, da lógica e da dicção, não podem revelar o Eu Real, que está dentro.

D: Como Ele pode ser percebido?

M: Pela mente, examinando a natureza dos cinco revestimentos; pela experiência, para determiná-los e descartar cada um, passo a passo – "este não é o Ser; nem este" [*neti-neti*]; e pela mente, que assim ficou sutil, para

---

[28] Vide nota de rodapé anterior.

buscar o Eu Real e percebê-l'O como a Consciência que testemunha, além dos cinco revestimentos. Isso constitui o processo inteiro. O Ser não pode ser visto fora. Está oculto nos cinco revestimentos e difundido neles. Para encontrá-l'O deve-se fazer que o intelecto volte-se para dentro e O busque, e não procurá-l'O nos *shāstras*. Será que algum homem dotado de razão procura numa floresta o que perdeu em sua casa? A busca deve ser feita no lugar em que a coisa está oculta. Do mesmo modo, o Ser velado pelos cinco revestimentos precisa ser buscado dentro deles e não nos livros. Os *shāstras* não são o lugar do Ser.

D: É verdade. O Ser não pode ser encontrado nos *shāstras*. Neles, um acadêmico pode aprender a natureza dos cinco revestimentos, examiná-los intelectualmente, vivenciá-los e descartá-los, para encontrar e realizar o Ser. Como pode o outro homem, ignorante da natureza do Eu Real ou dos cinco revestimentos, fazer a inquirição?

M: Assim como o acadêmico aprende com os livros, o outro aprende com o mestre. Mais tarde, a inquirição é a mesma para ambos.

D: Isto quer dizer que um mestre é necessário para o analfabeto, mas não para o acadêmico?

M: *Acadêmico ou analfabeto, ninguém pode ter êxito sem um mestre.* Desde o início dos tempos, incapazes de perceber o Eu Real sem um mestre, os buscadores, mesmo versados em todos os *shāstras*, sempre procuraram um mestre para iluminá-los. Narada foi a Sanatkumara; Indra foi a Brahma; Suka foi ao rei Janaka. *Sem a graça do mestre, ninguém pode ser libertado.*

D: Algum analfabeto já foi libertado só pela Graça do Guru?

M: Sim. Yagnavalkya ajudou a libertar sua esposa, Maitreyi. Muitas outras mulheres que não conheciam os *shāstras*, como Leela e Chudala, também foram libertadas enquanto ainda vivas. Portanto, até os que ignoram as escrituras são qualificados para inquirir no Ser.

Já deve estar óbvio agora que o que faz o buscador melhor qualificado é o desapaixonamento resultante do discernimento do que é real do irreal, para que ele então descarte todos os prazeres do aqui e do além como se fossem veneno, vômito ou o fogo ardente; que se abstenha de qualquer atividade, para permanecer quieto como um homem profundamente adormecido; mas, descobrindo-se incapaz de permanecer assim, devido a dores físicas e mentais insuportáveis, como se seus cabelos estivessem em fogo, ele não consegue sentir-se feliz, nem suportar mais a agonia por um minuto só, e arde em um sentimento de angústia: *"Quando ficarei livre? Como e de que modo posso ser libertado?"*

Para o melhor buscador, todas as qualificações devem

ter sido preenchidas até a categoria "limite" já mencionada. Para o segundo da lista, o bom buscador, as qualificações só são desenvolvidas até a fase "efeito"; para o médio, até a fase "natureza"; e, para o inferior, só até a fase "causa". Estas fases determinam o sucesso dos esforços do buscador.

O buscador melhor qualificado encontra sucesso imediato; para o segundo da lista, algum tempo passa; tempo mais longo requer o buscador médio; e, para o buscador de grau mais baixo, somente a prática longa e firme poderá habilitá-lo para o sucesso.

A perplexidade mental não permite que os dois últimos níveis de buscadores façam a inquirição. Suas mentes são mais prontamente aquietadas pelo *yoga*, mais adequado a eles do que a inquirição. Os primeiros dois níveis de buscadores beneficiam-se rapidamente com a inquirição, que lhes é mais adequada do que o *yoga*.

No *Dhyana Deepika*, Sri Vidyaranyaswami disse: "O caminho da inquirição não pode levar ao êxito os buscadores de mente confusa. Para destruir a sua falsa noção de mente, o *yoga* é necessário. A mente dos plenamente qualificados não é confusa e permanece focalizada; apenas o poder velador da Ignorância ainda oculta o Eu Real destas pessoas, que só aguardam o despertar. A inquirição é o processo de despertar; portanto, é o mais adequado a elas."

O *yoga* só pode trazer êxito após uma prática longa, firme, séria, aplicada e cautelosa, sem esforço desnecessário.

D: Por que se deve ter tanta cautela?

M: Quando tentamos fixar a mente no Ser, ela se rebela e, através dos sentidos, arrasta o homem para os objetos. Por mais resoluta e instruída que seja a pessoa, sua mente continua instável, forte, teimosa e difícil de conter. Desenfreada por natureza, não consegue manter-se estável nem por um instante; tem de correr aqui, lá e acolá; num momento, está nas regiões mais abissais e, no outro, eleva-se aos céus; movimenta-se em todas as direções da bússola e é inconstante como um macaco. É difícil consertá-la; para isso, devemos ter atenção.

No *Srimad Bhagavad Gitā*, Arjuna pergunta a Sri Bhagavan: "Ó *Krishna*! *A mente não é sempre caprichosa, perturbadora para o homem, e forte demais para ser contida? É mais fácil segurar o ar na mão fechada do que controlar a mente."*

No *Yoga Vasishta*, Sri Rama pergunta a Vasishta: *"Ó mestre! Não é impossível controlar a mente? Leva-se menos tempo para beber os oceanos, levantar o monte Meru ou engolir o fogo flamejante, do que para controlar a mente."* Das palavras de Rama e Arjuna e de nossa própria experiência, não há a menor dúvida de que é extraordinariamente difícil controlar a mente, por mais capazes e heroicos que sejamos.

D: Sendo tão difícil controlar a mente, como se pode conseguir praticar o *yoga*?

M: Por força da prática e do desapaixonamento, a mente pode ser controlada. O mesmo foi dito por Sri Bhagavan a Arjuna e por Vasishta a Sri Rama. Sri *Krishna* disse: *"Ó Filho de Kunti! Não há dúvida que a mente é instável e difícil de controlar. No entanto, por meio da prática e do desapaixonamento, ela pode ser controlada."* Vasishta disse: *"Ó Rama, embora a mente seja difícil de controlar, mesmo assim precisa ser dominada pelo desapaixonamento e pelo esforço, ainda que à custa de retorcer as mãos, cerrar os dentes e sujeitar os membros e os sentidos; isto tem de ser feito pela força de vontade."*

Portanto, é necessário um esforço intenso para conseguir o objetivo.

A abelha da mente, sempre vivendo no lótus do coração, rejeita o doce mel da incomparável Beatitude do lótus do Coração e, desejando o amargo mel do sofrimento coletado no exterior – como sons, toques, formas, sabores e odores – sempre voa para fora, pelos sentidos. Embora, pelo desapaixonamento, os sentidos são forçosamente bloqueados e a mente confinada; mesmo assim, no interior, a mente estará pensando [ocupando-se] no presente, recordando o passado ou construindo castelos no ar.

D: Como é possível conter até as atividades sutis da

mente, dominando-a por completo?

M: Parando as suas atividades externas e confinando-a no interior, deve-se fazer com que a abelha da mente se embriague com o mel do lótus do Coração, isto é, com a Beatitude do Eu Real.

D: Por favor, explique esta *yoga*.

M: Com intenso desejo pela Libertação, chegar a um Guru e dele ouvir o *Brahman* não dual brilhando como Ser-Consciência-Beatitude do Eu Real; compreendê-l'O, embora indiretamente, tão claramente quanto se compreende *Vishnu*, etc.; então fixar totalmente a mente em *Brahman* – sem ocupar-se da inquirição por reflexão (*manana*) – meditar sempre no Eu Real de Ser-Consciência-Beatitude, desprovido de atributos ou diferenças, é denominado *yoga*. Praticando-a, a mente fica tranquila e pode, gradualmente, chegar ao *samādhi*. No *samādhi*, experimentará a Suprema Beatitude.

D: Alguém já disse isso antes?

M: Sim. Sri Bhagavan [*Krishna*] disse: *"O iogue que, controlando a mente, dirige-a sempre para o Ser, torna-se perfeitamente calmo e, em última instância, obtém-Me, isto é, (obtém) a Beatitude da Libertação. A mente do iogue que sempre pratica o yoga será firme como uma chama protegida da brisa e, imóvel, entrará em samādhi."*

Também pela inquirição a mente prontamente obtém paz e *samādhi*.

D: O que é essa inquirição?

M: Depois de ouvir de um Guru sobre a natureza do Ser – que, nos *shāstras*, diz-se que é *Brahman* ou Ser-Consciência-Beatitude – obter um claro conhecimento indireto e, de acordo com o ensinamento [*upadesa*] e com raciocínio inteligente, inquirir e descobrir o Ser que é Sabedoria Pura e o não ser – que é objetivo e inanimado como o ego – discernindo-os e separando-os; então, experienciá-los diretamente como diferentes; posteriormente, pela meditação, extinguir tudo que é objetivo e *dissolver no Ser o resíduo da mente que sobrou como não dual,* termina em experiência direta da Suprema Bem-aventurança. Aqui se fez uma breve descrição, mas os *shāstras* descrevem-na elaboradamente.

Este capítulo sobre a *Sadhāna* tratou dos dois meios para silenciar a mente: Inquirição e *Yoga*. De acordo com seus méritos, o buscador inteligente deve praticar um ou outro.

Este capítulo é dirigido ao estudante sério, para que possa estudá-lo cuidadosamente e analisar suas qualificações, averiguando o que já possui e o que ainda lhe falta. Depois do preparo adequado, ele pode descobrir qual dos dois métodos lhe é mais conveniente e praticá-lo até obter êxito.

| Capítulo *IV*

ESCUTAR (*srāvana*)

No capítulo anterior, vimos que o *yoga* é adequado para o grau menos avançado de buscadores e a inquirição para os mais avançados. Neste capítulo, consideraremos o caminho da inquirição, que sem esforço conduz ao Conhecimento de *Brahman*.

D: O que é o caminho da inquirição?

M: Dos *shāstras*, sabe-se bem que consiste de *srāvana*, *manana*, *nidhidhyasana* e *samādhi*, isto é, escutar a Verdade, refletir, meditar e Paz Bem-aventurada. Os próprios *Vedas* declaram isso: *"Meu caro, deve-se escutar o mestre falar a respeito do Ser, refletir e meditar sobre Ele."* Em outro lugar, diz-se que o Eu Real tem de ser percebido na Paz Beatífica. Sri Shankaracharya repete a mesma ideia no Vakyavrtti, a saber: enquanto o significado do texto sagrado "eu sou *Brahman*" não for percebido em toda a sua verdadeira importância, deve-se praticar *srāvana*, etc.

No *Chitra Deepika*, Sri Vidyaranyaswami diz que a inquirição é o meio para a sabedoria e que consiste em escutar a Verdade, refletir e meditar; que somente o estado de bem-aventurada Paz da Pura Consciência, no qual apenas *Brahman* existe e nada mais, é a verdadeira "natureza" da Sabedoria; que seu "efeito" é a não renovação do nó do ego que desfila como "eu", tendo sido este perdido de uma vez por todas; que seu "fim" é manter-se sempre fixo no "Eu sou o Ser Supremo" de modo tão forte, inequívoco e seguro quanto era a ignorante identificação anterior, "eu sou o corpo"; e que seu "fruto" é a libertação. Disso segue-se que só o escutar, etc., é a inquirição no Ser.

Escutar a Verdade Suprema, refletir sobre ela, meditar nela e permanecer em *Samādhi* formam, juntos, a inquirição no Ser. Isso tem como causa as quatro *sadhānas*, a saber: discernimento, ausência de desejos, tranquilidade e desejo pela libertação. Posteriormente será explicado qual delas é essencial para qual parte da inquirição. Aqui, abordaremos a *srāvana*.

M: *Srāvana* consiste em determinar, por meio das seis provas consideradas conjuntamente, que os *Vedas* objetivam apenas o *Brahman* não dual.

Análise da *srāvana* sob as cinco categorias: o desejo

intenso de ser libertado dá origem à libertação; estar sempre escutando a respeito do *Brahman* não dual é a sua natureza; a completa remoção do aspecto do poder encobridor da Ignorância que diz: "Ele (*Brahman*) não existe", é o seu efeito; o não reaparecimento do poder encobridor é o seu limite; o conhecimento firme e indireto é o seu fruto.

D: Como se pode dizer que o desejo de ser libertado é a sua causa?

M: Na escritura (*Sruti*) está escrito: *"No estado de dissolução antes da criação, só existia a Realidade não dual."* Esta Realidade é o mesmo que o Ser. Só aquele que anseia por ser libertado buscará o conhecimento do Ser e o escutará. Ninguém mais está interessado Nele. Portanto, o anseio de ser libertado é o requisito essencial para esta parte da inquirição, isto é, *srāvana*.

D: O senhor acaba de dizer que estar sempre escutando sobre o Ser não dual é a natureza da *srāvana*. Quem é o Ser não dual?

M: Nas escrituras Ele é conhecido como a Consciência além do corpo denso, sutil e causal, separado dos cinco revestimentos e testemunha dos estados de vigília, sonho e sono.

D: O que pode estar além do corpo denso, sutil e causal?

M: Desses, o corpo denso compõe-se de pele, sangue,

músculos, gordura, ossos, tecido nervoso e linfa; tem secreções e excreções; nasce e morre; é inanimado como uma parede e, como um jarro, é um objeto dos sentidos.

O corpo sutil é o órgão interno (*antahkarana*) bastante conhecido como mente, que funciona como modo-"eu" e modo-"isto"; junto com os cinco ares vitais[29], os cinco sentidos e os cinco órgãos e membros, transmigra para outros corpos ou mundos; permanecendo sempre num corpo denso; experimenta dores e prazeres.

A Ignorância indescritível que não tem início e que não é real, nem irreal, manifesta os corpos sutis e densos e, portanto, diz-se que é o corpo causal.

Esses três corpos são contrários à natureza do Ser.

D: Como?

M: O corpo denso é inanimado [*achit*]; o sutil é oprimido pela dor [*ananda*]; o causal é irreal [*asat*]. Esses são os opostos da natureza Ser-Consciência-Beatitude [*sat-chit-Ānanda*] do Eu Real. Portanto, o Ser deve ser algo diferente disso.

D: E como é diferente também dos cinco revestimentos?

M: Os cinco revestimentos são: material, vital, mental, intelectual e beatífico[30]. Desses, o material nasce do alimento e cresce com o alimento; assim, é modificado pelo

[29] *Prāna*, *apāna*, *samāna*, *udāna* e *vyāna*.

[30] Veja nota de rodapé n. 26.

alimento. Portanto, é material. Assim como a bainha recobre a espada, o corpo recobre o Eu Real e obstrui a sua sabedoria. Portanto, é o revestimento material. Além disso, tem começo e fim. Portanto, não é o Ser, que é eterno.

Os revestimentos vital, mental e intelectual conjuntamente formam o corpo sutil. Através das cinco passagens do corpo, que funcionam de cinco maneiras diferentes, de acordo com seus modos, o ar vital e os cinco órgãos e membros impedem que o Eu Real seja conhecido; portanto, é o revestimento vital. Como é inanimado, não pode ser o Ser.

Aliado ao desejo, à ira, etc. e ao pensar nisto e naquilo, o modo mental-"isto" da mente manifesta as latências. Junto com os cinco sentidos, o modo-"isto" forma o revestimento mental. Sendo inanimado, não pode ser o Ser.

Definitivamente, a natureza do modo-"eu" é decodificar as ideias "isto" e "aquilo" da mente como jarro, tecido, etc.; ter a falsa noção de "eu" no corpo, etc., e ter a falsa noção de "mente" em casa, riquezas, propriedades, etc. Junto com os cinco sentidos, o modo-"eu" forma o revestimento intelectual. Surgindo nos estados de vigília e de sonho, unido ao corpo e permeando-o da cabeça aos pés, desaparece em desmaios ou no estado de sono profundo; portanto, não pode ser o eterno Ser.

Depois de acordar de um sono profundo, todos sentem: "não tive conhecimento de nada – tive um sono feliz." Aqui, a ignorância e a bem-aventurança são as experiências. Essa ignorância bem-aventurada é o revestimento beatífico. Sendo ignorante, deve ser inanimado e não-Ser.

Até agora, mostrou-se que os cinco revestimentos não são o Ser. O experienciador dentro dos revestimentos deve ser tão diferente deles como a pessoa que vê um jarro é diferente do próprio jarro. Não pode haver a menor dúvida sobre este ponto.

D: Como se pode dizer que o Ser é testemunha dos três estados?

M: Os três estados são a vigília, o sonho e o sono profundo, pelos quais passa a alma individual (*jīva*), "falso eu" ou ego, identificando-se, respectivamente, com o corpo denso, sutil e causal. Portanto, o Eu Real deve ser a Consciência que testemunha os três estados; "Ela" não é idêntica a nenhum deles, nem a todos.

D: Se os três estados não são do Eu Real, de quem mais poderiam ser?

M: Só podem ser do ego, que os assume, enquanto o Eu Real não se interessa por eles. Afeiçoado ao estado de vigília, o ego, disfarçado de mundo (*viśva*), aprecia as grosseiras experiências dos sentidos; da mesma forma, no sonho, como sonhador (*taijasa*), desfruta das experiências sutis e, no sono profundo, como *prajñā*, experimenta a ignorância. Portanto, experienciador desses estados deve ser o ego, e não o Eu Real que os testemunha.

D: O que o faz dizer que o ego, e não o Eu Real, é o experienciador dos três estados?

M: No sono profundo, estando o ego dormente, nenhuma experiência ou experienciador é visto; somente quando o ego surge é que eles são encontrados. Portanto, o ego deve ser o experienciador. Seus devem ser os dois estados, de vigília e de sonho; não podem ser do Eu Real.

D: De quem é o sono profundo, então?

M: Também pertence ao ego, porque assim como ele apropria-se dos estados de vigília e de sonho, dizendo "eu acordei – eu sonhei", também o faz com o estado de sono profundo, dizendo "eu dormi". Não pode ser do Eu Real, visto que Ele permanece desinteressado como testemunha dos três estados e também de seu experienciador, que fica cheio de si com as ideias "acordei – sonhei – dormi". Portanto, nenhum dos três estados pertence ao Ser.

D: O ego não pode ser também o experienciador do sono profundo. Ele não está lá, e como se pode dizer que é o experienciador? Nos estados de vigília e de sonho, pode-se dizer, acertadamente, que o ego é o experienciador; mas no sono profundo, o Eu Real deve ser o experienciador.

M: Você não está certo. A alma individual (*jīva*) – isto é, o ego – que nos estados de vigília e de sonho aparece como revestimento intelectual para apreciar coisas grosseiras e sutis, mergulha no sono profundo para permanecer dormente como revestimento da bem-aventurança, vivenciando ignorância e beatitude como "não percebi nada – dormi profundamente". Se o ego não existisse no sono profundo, ao acordar não poderia ter a lembrança "não percebi nada – dormi profundamente". Apenas o experienciador consegue lembrar suas experiências, e não outro ser. E mesmo as lembranças só podem ser de algo realmente experimentado, e não de algo que não o foi. Ao acordar, é o ego que diz "não percebi nada – dormi profundamente". Daí fica claro que o experienciador do sono profundo foi o ego, e não o Eu Real.

D: Mas, no revestimento beatífico do sono profundo, quem pode ser a Consciência testemunhadora?

M: Como revestimento de bem-aventurança, ele é ignorante; a ignorância é reconhecida mais tarde. O reconhecedor deve ser diferente do reconhecimento, e tem de ser o experienciador do revestimento de bem-aventurança.

Agora que ele se imaginou como revestimento de bem-aventurança – que nada mais é do que ignorância – ele próprio continua ignorante, pois a ignorância não pode conhecer a si mesma. Portanto, segue-se que deve existir uma testemunha da ignorância que simplesmente ilumina o revestimento de bem-aventurança que aparece como a ideia “não percebi nada”, e mantém-se dela distanciado. A testemunha é o Eu Real.

D: Que evidências existem para provar que no sono profundo tudo é reduzido à dormência e que a testemunha não é afetada?

M: O *Sruti* diz: *“A visão da Testemunha jamais pode ser perdida”,* o que significa que, quando tudo o mais está dormente e é desconhecido, o Observador continua tão consciente como sempre.

D: Bem, no sono profundo, que, em si, é ignorância, infere-se corretamente a existência de um conhecedor; contudo, nos estados de vigília e de sonho, o revestimento intelectual pode ser o conhecedor, e não há lugar para uma testemunha separada.

M: Você não pode pensar assim. Assim como no sono profundo o Eu Real é o conhecedor da ignorância, também nos outros estados é a testemunha do intelecto que conhece todas as noções de vigília e sonho, tais como: “dormi”, “acordei”, “fui”, “vim”, “vi”, “ouvi”, “sei”, que claramente indicam um conhecedor. Assim como se reconhece que a testemunha tem consciência da ignorância, também deve ter consciência do conhecimento. Além disso, sendo conhecedor em determinada momento e não conhecedor em outro, o revestimento intelectual não pode ser a testemunha.

D: Se é assim, então o Eu Real, a testemunha do intelecto, também deve ser o experienciador.

M: Não, não! A testemunha do sono profundo e de seu experienciador não pode ser o experienciador dos estados de vigília e de sonho.

D: Se o Eu Real é a testemunha do sono profundo e de seu experienciador, não pode Ele ser o experienciador dos estados de vigília e de sonho?

M: Não, aquele que dorme tem de acordar ou ter sonhos. O Ser nunca está adormecido; é sempre consciente, como testemunha, dos três estados e de seu experienciador, que pensa "dormi – sonhei – acordei". O Ser não pode ter os três estados, nem ser o seu experienciador. Não pode haver nenhuma dúvida em relação a isso.

D: Por que o Eu Real não pode ser tanto a testemunha quanto o experienciador dos três estados?

M: Assim como uma testemunha que observa dois homens lutando entre si não entra na luta, também a testemunha não pode ser o experienciador. E, assim como o lutador não apenas observa a luta, mas dela participa ativamente, também o experienciador não pode ser a testemunha. Portanto, o mesmo Ser não pode ser experienciador e testemunha.

D: Então, qual a conclusão?

M: O falso "eu" é o experienciador e o outro, que observa despreocupadamente os estados e seu experienciador, é a testemunha.

D: Nesse caso, existem três testemunhas diferentes para cada um dos três estados, ou apenas uma?

M: A testemunha é apenas uma: enquanto os estados se alternam, a testemunha não muda. A mesma consciência contínua perpassa o aparecimento, a permanência e o desaparecimento dos três estados. Assim, a testemunha dos três estados é o Eu Real. A condição de testemunha do Eu Real foi, assim, descrita.

Desse modo, a tatastha lakshana do Eu Real foi descrita. Agora, consideraremos a Sua *swarūpa lakshana*. É Ser-Sabedoria-Beatitude, única, onipresente, imaculada, perfeita, imutável e não dual.

D: O que se quer dizer com Ele sendo "Ser"?

M: Que Ele sempre permanece como testemunha do aparecimento e desaparecimento de todos os estados sobrepostos a Si. Mais ainda – que Ele tem sido a testemunha não apenas dos estados de vigília, sonho e sono profundo, mas também dos nascimentos, crescimentos (infância, juventude, velhice) e mortes de corpos anteriores – assim como o é deste corpo e será dos futuros corpos. É, assim, a testemunha única, contínua e sempre existente de tudo isso. O seu "Ser" fica, assim, óbvio.

D: O que se quer dizer com Ele sendo "Sabedoria"?

M: Visto que Ele sempre continua iluminando e manifestando os três estados e seu respectivo "falso-eu", a Sabedoria é autoevidente.

D: O que se quer dizer com Ele como "Beatitude"?

M: Sendo sempre o objeto único de suprema alegria – ou melhor, a própria suprema alegria – o Ser é Beatitude.

D: Aquilo que não é o Ser também não é prazeroso?

M: Não.

D: Por que não?

M: O não-Ser – enquanto marido, esposa, filho, riqueza, lar, unguentos agradáveis, doces perfumes, etc. – é querido não por si mesmo, mas somente como objeto de apreciação do eu individual.

D: Por que se diz que não é prazeroso em si mesmo?

M: Se o fosse, deveria permanecer sempre assim. Em determinado momento uma coisa é prazerosa e, em outro, a mesma coisa é enjoativa.

D: Como?

M: Uma mulher, por exemplo. Quando o homem a deseja, ela lhe parece prazerosa; quando ele está doente, com febre, ela não é desejada; para um homem que já não tem mais desejos, ela não apresenta absolutamente nenhum interesse. De acordo com as circunstâncias, a mesma mulher pode ser prazerosa, indesejável ou desinteressante. O mesmo se aplica a todos os outros objetos de prazer. Assim, o não-Ser não pode ser prazeroso.

D: E o Ser é sempre prazeroso?

M: Certamente; você jamais O percebe como sendo outra coisa.

D: Em casos de dor insuportável, o Eu Real é abandonado, em desgosto. Como se pode dizer que ele é sempre prazeroso?

M: Nunca se pode abandonar o Eu Real porque aquele que, em desgosto, desiste dos sofrimentos que lhe são estranhos, não abandona a si mesmo.

D: É o Eu Real que é abandonado por ele.

M: Neste caso, se o Eu Real é abandonado, deve existir um outro [ser] que o abandona. Por outro lado, sendo ele mesmo aquele que desiste, ele desiste do doloroso corpo que é diferente de si; não desiste do seu eu. Além do mais, o próprio fato de haver desgostos ocasionais com o corpo, etc., prova que o não-Ser é doloroso e o Ser é felicidade.

D: Como provar isso?

M: Se o Ser fosse doloroso, não se teria aversão à dor. Como a nossa verdadeira natureza é a felicidade, sentimos desgosto pela dor, sob a forma de corpo, etc. Não sendo naturais, e sim artificiais, as doenças não são apreciadas. Se fossem naturais, não poderiam ser desgostadas. Assim como a aversão a doenças, etc., demonstra que elas nos são estranhas, e não originais, também o não apreciar o corpo, etc., mostra que isso também não é natural, e que a alegria é a nossa verdadeira natureza eterna. Portanto, um desgosto intenso e repentino com o corpo, etc., faz com que o homem queira livrar-se disso, mas não do Eu Real. Este fato, por si, já ensina que o corpo, etc., não é o Ser. Agora já deve ser óbvio que o Ser jamais é o objeto de aversão de alguém.

D: Ainda que o Eu Real não possa ser detestado, não pode ser Ele objeto de indiferença?

M: Não. Sendo a própria pessoa aquela que é indiferente, pode ser indiferente apenas ao não-Ser – i.e., uma pedra, ou uma folha de relva –, mas não a si mesma. Portanto, o Ser não é objeto de aversão ocasional – como o corpo, uma mulher, etc. – nem da indiferença, como uma folha de relva ou uma pedra. Ele é sempre a Alegria em Si.

D: Se o Ser é sempre prazeroso e se também o são os objetos dos sentidos no momento da apreciação, eles também devem ser considerados prazerosos.

M: O deleite em qualquer objeto não é duradouro; o que agora é prazeroso logo cede seu lugar a outro objeto ainda mais prazeroso. Há graus de prazer e uma sequência dos objetos apreciados. O prazer nos objetos é apenas caprichoso, e não estável. Isto porque o prazer nasce de nossa própria ilusão, e não do valor intrínseco do objeto. Por exemplo: observe como o cão rói um osso seco e sem tutano até sair sangue das feridas em sua boca; ele acha que o gosto de seu próprio sangue é o do tutano do osso, e não quer largá-lo. Se encontrar outro osso parecido, deixa cair o que tem na boca e pega o outro. Da mesma forma, sobrepondo a sua própria natureza bem-aventurada aos detestáveis objetos de sua fantasia, o homem deleita-se neles por engano, pois a alegria não é a natureza dos objetos. Devido à ignorância humana, os objetos que, na verdade, são dolorosos por natureza, parecem ser prazerosos. Esse prazer aparente não permanece estável em um objeto; normalmente se desloca para outros objetos; é desenfreado, possui níveis e não é absoluto, ao passo que a Alegria do Ser não é caprichosa. Mesmo quando o corpo, etc., são abandonados, a alegria do Ser dura para sempre, e também é absoluta. Portanto, o Eu Real é a Suprema Bem-aventurança. Até aqui, a natureza Ser-Consciência-Beatitude do Eu Real foi estabelecida.

D: Os três – Ser, Sabedoria e Beatitude – formam as qualidades da natureza do Eu Real?

M: Elas não são qualidades, e sim o próprio Ser. Assim como o calor, a luz e a vermelhidão formam a natureza do fogo e não são suas qualidades, também o Ser, a Sabedoria e a Beatitude são a natureza do Eu Real.

D: Se o Eu Real possui três formas como Ser, Sabedoria e Beatitude; existem então três Eus?

M: Não. É apenas um. Assim como o fogo que se projeta como calor, luz e vermelhidão é apenas uma coisa e não três, ou como a água aparecendo como frio, fluidez e sabor é apenas uma, também o Eu Real existindo como Ser-Consciência-Beatitude é apenas um, e não três.

D: Se o Eu Real é só um, como se pode afirmar que Ele "a tudo permeia"?

M: É correto dizer que o Eu Real, sendo apenas Um, a tudo permeia, pois, sendo onisciente, Ele, enquanto Sabedoria, pode permear tudo.

D: Uma vez que o Ser mais íntimo está consciente dos cinco revestimentos do corpo, pode Ele ser onisciente?

M: Sim, pode. O universo inteiro, composto dos cinco elementos e de suas combinações e mutações, é visto por Ele e por nenhum outro. Sendo inanimados, os outros não podem perceber. Do contrário, os objetos inanimados como um jarro, etc. deveriam ser dotados de percepção. Mas não é assim. Somente Ele conhece a todos, mas eles não O conhecem. Ele é Onisciente.

D: O Ser só percebe o que está ao alcance dos sentidos, e não o que está além. Como perceberia o monte Meru ou o Céu?

M: Ele conhece tudo. No Ser, que nada mais é do que o Espaço da Consciência [*chit-akasa*], tudo que é não-Ser – isto é, inanimado – aparece de ambas as maneiras: como percebido ou não percebido. Assim como no Espaço da Consciência – e não em outro lugar – a casa, as terras, a aldeia, a cidade e o país parecem percebidos pelos sentidos, também as coisas além dos sentidos, como o monte Meru ou o céu, aparecem como despercebidas por eles.

D: Pode alguma coisa que não seja percebida pelos sentidos aparecer?

M: Sim, pode. Embora a casa, etc., seja inexistente, como o filho de uma mulher estéril, no Espaço da Consciência, aparecem como objetos de percepção, porque as latências mentais assim se apresentam. Do mesmo modo, embora irreais e não percebidos, o monte Meru, etc., são imaginados pela mente e aparecem no Espaço da Consciência.

D: Como?

M: Diante da consciência testemunhadora, nos sonhos, os fenômenos mentais se apresentam como objetos de percepção, como uma casa, etc., e também como outros além da percepção, como o céu, etc. Isso também acontece no estado de vigília. Do contrário, não se poderia dizer: "Não conheço o céu, o monte Meru, etc." No entanto, dizemos: "Não conheço o céu, o monte Meru, etc." Isso significa que o céu, Meru, etc., aparecem como objetos não percebidos pelos sentidos. Assim, o Ser que conhece todo o inanimado não-Ser, como monte Meru, etc., é só este Eu Real.

Se o Ser não fosse encontrado em tudo (em todos os

lugares), mas visto apenas no íntimo como o Eu interior que testemunha os cinco revestimentos, como poderia Ele ser onisciente? Certamente isso não poderia ser. A mente em si mesma imagina coisas próximas e longínquas, perceptíveis e imperceptíveis, conhecidas e desconhecidas. O Ser, como substrato disso, perpassa tudo e conhece tudo. Assim, o Ser a tudo permeia. Portanto, é apenas o Ser que está em tudo, e não pode haver nenhuma dúvida a este respeito.

D: Se o Eu Real é onipresente, Ele deve estar associado a tudo e, portanto, é maculado.

M: Não. Como o espaço que a tudo permeia, Ele é indiviso e, portanto, não associado a nada. Sendo não só imaculado como o espaço, como também o ultrapassando, o Ser permanece como Espaço da Consciência. Portanto, as escrituras (*Sruti*s) dizem: "Este *Purusha* é certamente imaculado."

D: Sendo não associado e, assim, imaculado, estando além de tudo e sendo separado e indiferente, o Ser deve ser imperfeito.

M: Não. Não existe nada diferente dele, nem parecido com Ele; não existem partes Nele. Permanece indiferenciado, externa e internamente. É a Perfeição. Embora a tudo permeie, permanece não associado, como o espaço.

D: Como pode Ele permear a tudo e ser indiviso?

M: Nem aqui, nem ali, mas a tudo permeando, é indivisível no espaço. Nem agora, nem depois, mas sempre presente, é indivisível no tempo. Nada há nada além do Ser; Ele é o Eu de tudo, ou o próprio ser de tudo; portanto, não é dividido por nada. Assim, permanece indivisível por qualquer um desses três, perfeito e a tudo preenchendo. Com isso, Sua perfeição está provada.

D: Sendo onipresente como o espaço e a tudo preenchendo, o Ser deve ser mutável.

M: Não. Sendo a testemunha de todos os elementos criados, do éter, etc., que passam por mudanças como existência, nascimento, crescimento, transformação, deterioração e morte, o Ser não pode, Ele mesmo, ser mutável. Do contrário, seria mutável como as outras coisas; teria de nascer, crescer e fenecer. Assim, entraria na categoria das coisas inanimadas. Se inanimado, não poderia, de modo algum, estar consciente. Pelo contrário, sabe-se que sempre permanece como a testemunha do nascimento, crescimento e declínio de todo o universo. Ademais, Ele é indiviso. Portanto, deve estar livre de mudanças.

D: Afirmar que o Ser está livre de mudanças implica a existência do não-Ser, que é mutável. Então, o Ser não pode ser não dual e, consequentemente, deve ser dual.

M: Não. Nada existe além do Ser. Ele é não dual. Se o não-Ser não for diferente do Ser, não pode haver dualidade.

D: Como pode o não-Ser ser o Ser, e não estar separado Dele?

M: O Ser é a origem de tudo. O efeito não pode ser diferente de sua causa. Não os vemos totalmente diferentes um do outro. Sendo a causa de tudo, o Ser é idêntico a tudo. Não pode existir nada diferente Dele.

D: Como pode o Ser ser a origem de tudo?

M: Sendo o observador de tudo, é a origem de tudo.

D: Como pode o observador ser a origem?

M: Em todos os casos de ilusão, descobre-se que a causa é sempre o observador. Quando a madrepérola é vista como prata, a causa material nada mais é do que o observador; o mesmo se aplica a todas as visões oníricas, pois têm origem apenas no sonhador. O mesmo ocorre com a ilusão do mundo do estado de vigília: o observador deve ser a causa.

D: Se o universo fosse apenas um mito, sua conclusão seria imperativa. O universo é apenas um mito?

M: Primeiro, existe a autoridade das escrituras afirmando que, na dissolução, permanece apenas o Ser não dual e que, na criação, nomes e formas são Nele sobrepostos por *Māyā*, tal como a forma de uma cobra são sobrepostos numa corda que é vagamente visível. Segundo, a razão demonstra a natureza ilusória do universo, porque se vê que ele aparece e desaparece, como as visões irreais dos sonhos. Terceiro, os sábios proclamaram a sua percepção de que tudo isso é ilusório, e que somente *Brahman* é real.

Portanto, todo o universo é realmente falso. Contudo, nada mais certo do que dizer que, sendo a testemunha, o Eu Real é a causa única do universo, que nada mais é do que uma aparição ilusória sobre o Eu Real. O efeito ilusório não pode ser separado da sua base. Assim como a espuma, as bolhas e as ondas não são diferentes da sua origem, que é o mar, também os fenômenos do universo nada mais são do que o Ser falsamente apresentado. Portanto, o Ser é não dual e não pode haver dualidade.

Na presença do mestre, estudar sempre, com atenção, o *Vedānta Shāstra*, que trata do Ser não dual, e assim reter o seu significado – isso forma a "natureza" da *srāvana*, ou escutar. Isso deve ser feito sempre.

D: Qual é o "efeito" desta *srāvana*?

M: Ela destrói a parte encobridora da ignorância que, até aqui, fez com que se pensasse: "Onde está o Ser não dual? Em lugar nenhum." Destruir a conclusão ignorante da inexistência do Ser não dual é o seu "efeito".

D: Por quanto tempo deve-se continuar a *srāvana*?

M: Até que a dúvida da inexistência do Ser não dual não mais surja. O não reaparecimento dessa dúvida é o "limite" do processo de *srāvana*.

D: Pode a dúvida, uma vez apaziguada, retornar?

M: Sim, pode.

D: Como?

M: Em muitas passagens das escrituras (*Sruti*s) a dualidade é abordada e, facilmente, pode-se erroneamente achar que foi comprovada. Por exemplo: alguém estuda os textos (*shāstras*) que tratam de *Vishnu* e torna-se devoto Dele; mais tarde, vendo que outros deuses também são abordados, a sua devoção a *Vishnu* pode ficar abalada. Igualmente, um estudo dos textos Advaita acaba com as dúvidas sobre o Ser não dual; entretanto, os textos dvaita podem levar a uma diferente conclusão, e o estudante talvez perca a fé na não dualidade do Ser. Portanto, deve-se continuar a *srāvana*, até que os diferentes textos não mais abalem a fé racional no Ser não dual.

D: Qual é o "fruto" da *srāvana*?

M: Quando, de uma vez por todas, a descrença na não dualidade do Ser é destruída, nenhum texto sagrado ou argumento capcioso pode fazer com que o buscador desvie-se dessa fé. Tendo todos os obstáculos à sua fé sido assim removidos, ele permanece firme no conhecimento indireto do Ser não dual. Este é o "fruto" da *srāvana*.

D: O que é conhecimento indireto?

M: Conhecer a verdadeira natureza do Eu mais íntimo, não por experiência direta, mas pelo estudo dos textos sagrados (*shāstras*), é denominado Conhecimento indireto.

Embora a pessoa não veja *Vishnu* face a face, mesmo assim, pela evidência dos *shāstras*, acredita em Sua existência; isso forma apenas o conhecimento geral (*sāmanya*). Da mesma forma, o conhecimento geral da não dualidade de *Brahman* obtido por meio dos *shāstras* advaita é conhecimento indireto.

D: Por que se diz que o conhecimento obtido na *srāvana* é indireto? Não pode ser direto?

M: Não. Enquanto o Ser Interior não puder brilhar, devido ao outro aspecto encobridor da Ignorância (abhanavarana), o mero conhecimento de Sua existência não pode ser denominado direto.

D: Isso também é confirmado por outros?

M: Sim. Sri Vidyaranyaswamy diz, no *Dhyana Deepika*: "Ainda que, por meio da *srāvana*, *Brahman* possa ser compreendido como Ser-Consciência-Beatitude, não pode assim (pela *srāvana*) ser diretamente vivenciado como o Ser único que testemunha os cinco revestimentos. Embora, pelos textos, *Vishnu* seja compreendido como um ser de quatro braços, que segura um disco, uma concha e uma clava nas mãos, e embora uma imagem mental Sua possa manifestar-se em meditação profunda, mesmo assim, Ele não é visto diretamente com os olhos; portanto, o conhecimento a Seu respeito permanece apenas indireto." O conhecimento obtido dos textos sagrados é, assim, somente indireto, e não diretamente experimentado. Igualmente, o conhecimento obtido pela *srāvana* só pode ser indireto, e não diretamente experimentado.

D: Aqui, *Vishnu* não é o Ser, mas diferente. É certo que o conhecimento a Seu respeito, obtido dos textos, é indireto. Mas *Brahman* não é diferente do Ser. Ao buscador que ignora esta identidade, as escrituras revelam o fato, dizendo: "Aquilo tu és." Ao apreender o verdadeiro significado disso, pode-se dizer que o buscador percebeu diretamente a Verdade. Este conhecimento não pode continuar indireto como o do céu, etc. *Srāvana* deve, portanto, terminar em conhecimento diretamente vivido.

M: Não é assim. É verdade que o texto sagrado revela a Verdade "Aquilo tu és". Ainda assim, o conhecimento direto não resulta apenas de escutar isso. Sem a inquirição no Ser, o conhecimento não pode ser direto. Para que esse conhecimento indireto seja experienciado, é necessária a reflexão.

Aqui termina o capítulo sobre *srāvana*. O estudante que ler este capítulo atentamente obterá o conhecimento indireto. Para vivenciá-lo diretamente, ele buscará conhecer a natureza de *manana*, ou reflexão.

Capítulo V

REFLEXÃO (*manana*)

D: Mestre, escutando-o, a natureza do Ser agora está clara para mim, mas o conhecimento permanece apenas indireto. Bondosamente me instrua sobre a reflexão, com cuja prática as trevas da Ignorância, que agora ocultam o Eu Real, podem desaparecer, daí resultando a experiência direta.

M: Dirigir sempre o pensamento, com sutil contemplação, para o Ser não dual que agora é conhecido indiretamente, é denominado reflexão.

D: Por favor, fale-me de sua "causa", "natureza", "efeito", "limite" e "fruto".

M: Discernir o real do irreal é a "causa"; inquirir sobre a Verdade do Ser não dual é a "natureza"; rasgar o aspecto encobridor da Ignorância, que faz com que se diga "não brilha por si mesmo", é o "efeito"; o não reaparecimento do encobrimento é o "limite", e a experiência direta é o "fruto". Assim dizem os sábios.

D: Por que se diz que o discernimento é a "causa"?

M: Somente aquele que, por discernir o real do irreal, adquiriu o conhecimento indireto, está apto a buscar, pela inquirição, o conhecimento direto da experiência. Nenhum outro consegue ter êxito na busca pelo conhecimento.

D: Por que o Desejo de Libertação não pode ser a "causa" da reflexão?

M: O simples desejo de libertação não pode capacitar um homem para a inquirição no Ser. Sem *srāvana*, não se pode obter nem mesmo o conhecimento indireto. Como obter êxito na inquirição? Somente após conhecer a natureza do Ser é que se deve continuar a buscá-l'O. Ignorando a Sua verdadeira natureza, como poderia alguém investigar o Ser? O simples desejo de libertação não basta.

D: Esse desejo não conduz à inquirição? Com o surgimento desse desejo a pessoa vai começar a ouvir sobre a natureza do Ser e obter conhecimento indireto, o qual deve habilitá-lo para a inquirição.

M: Isso equivale a dizer que o buscador possui discernimento. Ele não só tem o desejo pela Libertação, como também possui discernimento intelectual. Com a *srāvana* vem essa faculdade de discernir intelectualmente o real do irreal, ou o Ser do não-Ser. Isto é chamado de conhecimento indireto. Os *shāstras* dizem que só quem possui conhecimento indireto pode discernir o real, ou Ser, do irreal, ou não-Ser, e está preparado para a inquirição no Ser. Portanto, o discernimento é a condição *sine qua non* para a inquirição.

D: Mesmo que o desejo pela Libertação não seja a causa específica da Reflexão, sua causa não poderia ser a ausência de desejo ou a tranquilidade?

M: Todos esses são apenas auxiliares gerais da reflexão, mas não as causas específicas. Um homem tranquilo e sem desejos não necessariamente tem conhecimento indireto do Ser e não está, portanto, preparado para inquirir no Ser. Há homens que fazem práticas austeras, que são tranquilos e que não têm desejos, mas que não anseiam pela Libertação. Não tendo o desejo de Libertação, não escutaram absolutamente nada sobre o Ser.

D: E como se pode afirmar que eles não têm o desejo de ser libertados?

M: Como eles praticam austeridades sem fazer *srāvana*, etc., que é o único portal para a Libertação, infere-se a ausência de desejo pela Libertação.

D: Não. Eles também podem ter o desejo de ser libertados.

M: Se assim é, devem desistir das práticas austeras, estar sempre com um mestre e ocupar-se de escutar a respeito do Ser. Se for dito que também já fizeram *srāvana*, então, uma vez que já obtiveram o conhecimento indireto, deveriam ocupar-se da reflexão. Não tendo feito *srāvana*, embora dotados de tranquilidade e ausência de desejos, são incapazes de discernir o real do irreal e, portanto, são inaptos a inquirir no Ser. A ausência de desejos, etc., só pode ser auxiliar na inquirição, mas não a causa principal. Discernir o real do irreal é a única causa principal.

D: Não pode o Ser ser realizado pelas práticas austeras, junto com a tranquilidade e a ausência de desejos, sem inquirição?

M: Não. O Eu Real foi perdido de vista devido a não inquirição; para recuperá-l'O, a inquirição é necessária. Em sua ausência, como podem até mesmo milhões de práticas austeras restaurarem a percepção? Inquirir constantemente no Ser é o único remédio para a cegueira do ignorante, cujo olho mental foi obscurecido pelas trevas da não inquirição estendendo o seu véu. O Eu Real não pode ser realizado, a não ser pelo olho do Conhecimento obtido na inquirição.

D: O que é a inquirição no Ser?

M: Com o intelecto totalmente concentrado, buscar internamente, dentro dos cinco revestimentos, o Ser que está brilhando por Si mesmo como "eu" no corpo, nos sentidos, etc., considerando "Quem é este Ser? Onde se encontra? Como é?" – isto é a natureza da inquirição no Ser. Com intelecto sutil, deve ser empreendida sempre a inquirição na Realidade, a saber, o Ser dentro dos revestimentos irreais.

D: Anteriormente foi dito que o Ser a tudo permeia. Como pode o Ser que a tudo permeia ser buscado apenas nos revestimentos? Além do mais, os revestimentos são considerados irreais. Como pode a inquirição em coisas irreais levar ao reconhecimento da Realidade?

M: Verdadeiramente, o Ser a tudo permeia. Mesmo assim, o seu reconhecimento é obscurecido pelo véu dos cinco revestimentos. O Ser, que neles está oculto, deve ser procurado somente ali, e não em outros lugares. Um objeto é procurado no lugar onde foi perdido. Uma coisa perdida em casa não é procurada na floresta. Do mesmo modo, o Ser, oculto nos cinco revestimentos e não sendo reconhecido devido à identificação errônea com estes, deve ser encontrado somente se peneirando os elementos indesejados – no caso, os cinco revestimentos.

D: Como pode a investigação de coisas irreais levar ao reconhecimento da Realidade?

M: Os véus irreais devem ser removidos, para revelar a Realidade neles oculta. Eles são sobrepostos ao Eu Real. Os revestimentos têm de ser examinados e determinados como irreais para que seu substrato, que é a única Realidade, possa ser conhecido. Se as vestimentas externas que são sobrepostas não forem examinadas, o seu substrato, que é a Realidade, não poderá ser encontrado. Alguém, no mundo, já conseguiu encontrar a corda sem examinar e inquirir sobre a natureza do que parece ser uma cobra, embora esta esteja sobreposta à corda e seja irreal? Ou pode haver alguém que, tendo inquirido sobre a cobra sobreposta, não tenha descoberto que a corda era o substrato? Ninguém. Da mesma forma, o conhecimento indireto de que os cinco revestimentos são sobrepostos e irreais deve ser obtido com *srāvana*; e, com o intelecto aguçado, o buscador deve sondar profundamente este conhecimento superficial e vivenciar a verdade disso. Assim como se sabe claramente que o corpo grosseiro, experimentado diretamente, é construído pela comida e reconhecido como sendo somente o revestimento-comida que cobre o Ser, também os outros quatro revestimentos mais sutis – que permanecem desconhecidos da pessoa comum, mas são ensinados pelas escrituras e pelo mestre – devem ser conhecidos por suas características. Eles devem ser investigados e diretamente experienciados; ao mesmo tempo, deve-se reconhecê-los como sendo apenas revestimentos, e descartá-los sucessivamente, a fim de buscar a sua testemunha, o Ser-Consciência ou Eu sutil.

D: Se é feita a inquirição no Ser, depois de investigar e descartar os revestimentos, como pode o Ser ser percebido?

M: Sendo a inquirição nada mais que a reflexão sobre o Ser, isto é, *manana*, o seu efeito é a destruição do véu da Ignorância. A reflexão constante sobre o Ser por trás dos revestimentos deve destruir o aspecto encobridor que faz com que se diga "Ele não brilha por Si mesmo".

D: Como assim?

M: Do mesmo modo que a inquirição sobre a cobra-corda, que obstrui a visão da corda, destrói a ignorância sobre a corda, também a busca perspicaz do Ser, que permanece como testemunha dos cinco revestimentos, destrói a ignorância que supõe que o Ser não é visto e que não brilha por Si mesmo. As nuvens são dispersadas quando o sol brilha em toda a sua glória; igualmente, sendo as trevas do encobrimento destruídas, o Ser que testemunha brilhará por Si mesmo em todo o Seu esplendor. Portanto, a inquirição é necessária.

D: Por quanto tempo deve-se inquirir no Ser?

M: Diz-se que o não reaparecimento das trevas da Ignorância é o "limite" da reflexão. Portanto, deve-se continuar a prática até que as trevas da Ignorância não mais retornem.

D: Uma vez removido o encobrimento, ele pode voltar?

M: Sim. Enquanto surgirem dúvidas, deve-se inferir

que a Ignorância ainda existe.

D: Como pode haver qualquer dúvida, depois que o Ser foi percebido?

M: Ao inquirir sobre os revestimentos e descartá-los como irreais, percebe-se que a consciência testemunhadora, o Ser, é singular e mais sutil do que o éter, tal como o vazio. Agora que os revestimentos foram descartados como irreais e que não existe nada além do Ser sutil como o vazio, pode surgir o temor de que passamos a existir enquanto nada, ou vazio.

D: Como assim?

M: Transcendendo tudo, o Ser nada tem em comum com as coisas ou atividades mundanas; transcende também o vazio; por isso, a experiência é única e sublime. Pode, então, surgir o medo *"Será que isto é o Eu Real? Não pode ser – se isto é o Eu Real, como posso ser tal vacuidade?"*. Mesmo após perceber o Ser uno, não se tem confiança na experiência; ela é vista como impossível, e surge uma grande dúvida. O senso de impossibilidade dá lugar à dúvida. Mas a reflexão contínua remove o senso de impossibilidade. Isto é dito por Vyasa nos *Brahma Sūtras*: "Devido à repetição da instrução (das escrituras), (é) necessário repetidamente (escutar, refletir e meditar sobre o Ser)".

D: Qual é o "fruto" desta reflexão?

M: Com a prática contínua, o encobrimento é destruído; com a sua destruição, desaparece o sentimento de impossibilidade de o Ser brilhar por Si mesmo, sozinho; com o seu desaparecimento terminam todos os obstáculos, e então resulta a experiência direta, tão clara e segura como uma maçã na palma da mão. Este é o "fruto".

D: O que é essa experiência direta?

M: Assim como se distingue claramente o sol da nuvem que o esconde, quando se pode distinguir o Eu Real do ego, isto é experiência direta. Este é o "fruto" da reflexão.

Meu filho! Sábio menino! A reflexão agora foi ensinada em detalhe. Resta a você inquirir sobre os cinco revestimentos, descartá-los como irreais e, então, com o intelecto aguçado, interiorizar-se para encontrar o Eu Real, muito sutil, e reconhecê-lo inconfundivelmente.

D: Ó Mestre! Mesmo com a inquirição perspicaz, não consigo dizer: "Estes são os cinco revestimentos; este é o Ser mais íntimo, diferente deles". Não consigo perceber diretamente o Ser. Por quê?

M: Isso se deve à Ignorância sem início.

D: Como surgiu esta Ignorância?

M: Do encobrimento já referido.

D: Como?

M: Embora, por natureza, o Ser e o ego sejam bem diferentes, o referido encobrimento apresenta-os como se fossem idênticos.

D: Explique isso, por favor.

M: Veja, embora a corda e a cobra sejam bem diferentes, ignorar a corda faz com que ela pareça ser uma cobra; também o Ser, estando oculto pelas trevas do encobrimento, não brilha por si mesmo e, em seu lugar, só são vistas as funções do ego, do sentimento de ser o agente, etc.

Portanto, inquira sobre a natureza dos cinco revestimentos, encontre-os, perceba-os, e então os rejeite como não-Ser. Lá deve estar a imutável testemunha das mudanças, originando e destruindo esses fenômenos. Encontre-A e perceba-A como Eu Real.

D: Onde pode estar a testemunha diversa de todos os fenômenos?

M: Existe a tríade composta de conhecedor, conhecimento e conhecido. Destes, o conhecedor é o sujeito; o conhecimento é o intelecto e o conhecido, os objetos. Essa tríade surge e floresce nos estados de vigília e de sonho e funde-se na inconsciência do estado de sono profundo. Aquilo que permanece como Consciência imutável única, iluminando e causando o surgimento dos três estados, é o Ser que testemunha. Reconheça-O e realize-O.

D: Quando, de acordo com as suas instruções, eu inquiro sobre os cinco revestimentos e rejeito-os como sendo o não-Ser, não encontro nada além do vazio. Onde, então, está o Eu Real?

M: Dizer que não existe nada por trás dos cinco revestimentos é como dizer: "não tenho língua para falar."

D: Como assim?

M: Quando não temos língua, não podemos dizer que não temos língua para falar. Da mesma forma, se não houver o observador do vazio, não se poderá dizer que não sobrou nada. Senão, não se poderia dizer nada. Pelo contrário, uma vez que quem fala diz que nada é visto, é óbvio que o Ser permanece lá, revelando apenas a Si mesmo.

D: Se assim é, como pode Ele permanecer desconhecido?

M: O Eu Real vê tudo, mas não é visto por ninguém. Brilhando por Si mesmo, pode, sem qualquer ajuda, conhecer as coisas, mas não há nada que possa conhecê-l'O. Ele é onisciente; sabe que não existe nada; é o âmago mais íntimo de tudo; permanece como o puro, imaculado Espaço da Consciência, invisível a todos. Permanece inteiro. O conhecedor de tudo, o Conhecimento Puro, é o Eu Real.

D: Como o Eu Real permanece não conhecido por nada e, no entanto, conhece tudo?

M: Os revestimentos aparecem como existentes. Quando são rejeitados, a sua ausência aparece como um branco, ou nada. Os revestimentos, o vazio e tudo o mais que aparece são apenas inanimados e não podem, por si sós, revelarem-se – têm de ser vistos por um observador. Na ausência do observador, nada pode ser visto.

D: Como assim?

M: Objetos como um jarro, etc., manifestam-se só para um observador; do contrário, não existem. Do mesmo modo, o vazio além dos cinco revestimentos manifesta-se porque existe o observador. A não ser que haja a testemunha, como pode o vazio aparecer como se nada estivesse sendo visto? Não sendo consciente, apenas inanimado, não pode mostrar-se, a não ser que a testemunha o veja e reconheça.

D: Embora seja inanimado, pode manifestar-se.

M: Neste caso, deixe que os objetos como um jarro, etc., se mostrem, na ausência do observador. Isso é impossível. O vazio que aparece como nada também é inanimado e, portanto, não pode brilhar por si mesmo. Tem de ser iluminado por uma luz além dele, e testemunhado por ela.

D: Como?

M: Da mesma forma que os objetos acima, tais como nuvens, etc., ou objetos abaixo, como um jarro, etc., não são autoluminosos, mas têm de ser iluminados pelo Sol, que está a milhões de quilômetros de distância e é autoefulgente; também o vazio além do intelecto e os objetos por ele imaginados são inanimados e não luminosos, e devem ser iluminados pela Consciência transcendente e autoluminosa. Além do vazio, e diferente dele, há a testemunha vendo o vazio e tudo o mais. Ela é o Ser que não é conhecido por nada e que, no entanto, conhece tudo. Com seu intelecto tornado sutil, encontre e perceba o Ser.

Estando, assim, a natureza do Ser tão clara como uma maçã na mão de alguém, pelas palavras do Mestre, o discípulo foi capaz de realizar diretamente o Ser. Ele, então, assim expressou a sua alegria: "Ó Mestre, vivenciei diretamente o Ser! Agora, conheço-O bem!"

M: Como você considera o Ser?

D: Testemunha de todos os objetos, do vazio, etc.; sabedoria, consciente de tudo, muito majestoso, inestimável, insondável, além dos sentidos, da mente, do intelecto, etc.; não associado a nada, imaculado, sem forma; nem grosseiro, nem sutil, não atômico, não sólido; nem branco, nem preto, nem de nenhuma outra cor; nem claro, nem escuro, ainda mais fino e puro do que o éter é o Eu Real. Aí não há o menor traço de qualquer mudança. Devido à luz da Consciência, todos os objetos mutantes e o vazio aparecem fora do intelecto e longe dele; o Eu Real não tem modificação.

M: Como, então, as noções "sou gordo – sou magro" aparecem no Eu Real?

D: O fator encobridor da Ignorância oculta de todos a verdadeira natureza do Eu Real; sem ver o Eu Real, todos confundem os revestimentos com o Eu Real. Isso se deve apenas à Ignorância. Na verdade, não há modificação no Eu Real. Embora seja puro e incolor, o céu parece ser azul; da mesma forma, a Ignorância faz com que o Eu Real pareça mudar, enquanto Ele permanece apenas imutável e imaculado.

Aqui e agora Ele é nitidamente conhecido; jamais pode estar ausente. Oh, não é maravilhoso que, embora Ele seja imediato e real, exista a grande ilusão de que o Eu Real não é visto? É como a coruja que só vê a escuridão total ao seu redor, embora esteja sob a ofuscante luz do Sol! Oh! O Eu Real é resplandecente e manifesto! Entretanto, uma ilusão espalhou a escuridão sobre nós, para fazer-nos sentir: "o Eu Real não é visto!" Realmente é surpreendente! Pode haver trevas ao meio-dia? Perante o sempre fulgurante, sempre manifesto Ser Supremo, pode permanecer qualquer encobrimento? De onde poderia surgir? Como se pode chegar a pensar assim? Por certo o encobrimento é em si mesmo uma ilusão; é uma mera palavra; não há nenhum sentido nisso!

M: Se não há encobrimento, como o Ser ficou oculto por tanto tempo?

D: Embora irreal, a Ignorância floresceu pela não inquirição do indivíduo. Assim como a falta de investigação esconde a corda de vista e apresenta-a como cobra, também a não inquirição no Ser oculta-O da visão e isto é denominado de aspecto velador da Ignorância sem início. Agora que o Eu Real foi percebido, não se vê em lugar nenhum o assim chamado encobrimento. Eis que o Ser é a testemunha sempre fulgurante aqui e agora! Milagre dos Milagres! Como uma maçã em minha mão, agora eu compreendi claramente o Ser. Agora, Senhor, Mestre, felizmente pela sua graça eu fui abençoado; minha tarefa terminou!

Ao ouvir as alegres palavras do abençoado discípulo, o mestre fica contente e diz o seguinte:

M: Sábio e valoroso filho, pela Graça de Deus você realizou o que se deve realizar! Pela Graça divina, a sua ignorância terminou; ignorância esta que ilude até os eruditos que não conseguem realizar o Eu Real. Felizmente, você conseguiu o que é negado até a grandes estudiosos! Todos os méritos de seus nascimentos passados hoje renderam frutos simultaneamente! Qual será a excelência de seus méritos, que assim frutificaram? Você é abençoado! A sua tarefa está terminada. Você é um homem de êxito.

É maravilhoso que você tenha obtido o que deve ser obtido acima de tudo! Para isso, todas as grandes obras, votos, práticas austeras, cultos, *yoga* e outras tarefas laboriosas são empreendidas; e, apenas para conhecer isso, passa-se por todo o trabalho e preocupação desses processos. Toda a sua labuta agora terminou. Hoje, todo o trabalho de seus nascimentos anteriores rendeu frutos. É apenas por ignorar esta Coisa Suprema que todas as pessoas estão afundadas no insondável mar de repetidos nascimentos e mortes. Você atingiu a costa além deste mar. Ignorando isso, todos os homens confundem o corpo, os sentidos, etc. com o Eu Real. Você encontrou o Eu Real. Portanto, é realmente sábio, verdadeiramente inteligente. Não há dúvida a esse respeito.

Até aqui, você realmente buscou e percebeu o significado de "tu" no texto "Aquilo tu és" . No mesmo tom, continue a inquirir e perceba o significado de "Aquilo" no texto.

D: Mestre, por favor diga-me os significados diretos e pretendidos de "Aquilo", assim como em "tu" eles são os revestimentos e a testemunha, respectivamente.

M: O universo inteiro é composto dos cinco fatores – Ser-brilho-felicidade-nome-forma –, os cinco revestimentos e os objetos externos, como um jarro, etc.

D: Por favor, explique os cinco fatores dos objetos externos.

M: Que um vaso existe, é o seu aspecto "ser"; que apareça, é o aspecto "brilho"; que seja estimado por nós, é o aspecto "felicidade"; "jarro" é o aspecto "nome"; e seu formato é o aspecto "forma". Assim ocorre com todos os objetos. Dos cinco fatores, os três primeiros são característicos de *Brahman*, e os dois remanescentes, do mundo.

O significado direto de "Aquilo" são os fatores do mundo, isto é, nomes e formas; o significado pretendido é *Brahman* – a combinação de Ser-brilho-felicidade. Assim como a Ignorância sem início encobre a diferença autoevidente entre os revestimentos e sua testemunha, encobre também a diferença similar entre o Ser-brilho-felicidade e os fatores "nome e forma". Mais uma vez, como a inquirição dispersa o poder encobridor, o Ser-Consciência-Beatitude pode ser visto separado do aspecto "nome" e "forma".

D: Qual é o "fruto" de conhecer os significados diretos e pretendidos de "Aquilo" e "Tu" no texto "Aquilo tu és"?

M: O texto fala da igualdade entre "tu" – a testemunha dos cinco revestimentos – e "Aquilo", isto é, *Brahman* ou Ser-Consciência-Beatitude, que está além dos nomes e das formas do universo. Esses são os significados pretendidos de "tu" e "Aquilo". Não pode haver identidade entre o significado direto de "tu" (que é os cinco revestimentos do indivíduo) e entre o significado direto de "Aquilo" (os nomes e formas do universo). Portanto, conclui-se que os cinco revestimentos, os nomes e as formas são apenas ilusórios. Saber que a testemunha e *Brahman* são um é o "fruto" do conhecimento.

D: Como podem ser um e o mesmo?

M: Sendo só Ser-Consciência-Beatitude, ambos têm de ser o mesmo. Assim como o espaço dentro de um jarro e o espaço no ar livre têm as mesmas características e são, portanto, idênticos, também a testemunha e *Brahman*, tendo as mesmas características – a saber, Ser-Consciência-Beatitude – são um e o mesmo. O espaço do jarro é o mesmo do ar livre, e vice versa; igualmente, a testemunha é *Brahman*, e *Brahman* é a testemunha.

Uma vez que *Brahman* é a Totalidade perfeita e indivisa, a testemunha, sendo *Brahman*, também deve ser Totalidade perfeita e indivisa. Portanto, fica estabelecido que o Ser é Uma Beatitude ininterrupta.

D: Qual é o "fruto" deste conhecimento?

M: Rejeitar os cinco revestimentos, os nomes e as formas dos objetos como inexprimíveis, apenas sobrepostos à Realidade, ilusórios; praticar que o substrato, isto é, *Brahman* de Ser-Consciência-Beatitude é o Eu Real e percebê-l'O como "eu sou *Brahman*", com a resultante Beatitude Suprema de ser *Brahman* – é o "fruto" deste conhecimento.

Aqui termina o capítulo sobre Reflexão. O sábio estudante que atentamente lê e pratica isso pode realizar-se enquanto *Brahman*, isto é, Ser-Consciência-Beatitude.

| Capítulo *VI*

O ANIQUILAMENTO DAS TENDÊNCIAS (*vāsanākshaya*)

Este capítulo segue-se aos cinco anteriores, que falam da sobreposição, de sua remoção, dos requisitos para o buscador, do escutar e da reflexão. Ao discípulo que, após refletir no Ser, obteve o conhecimento direto, o mestre diz o seguinte:

M: Sábio filho, os *shāstras* nada mais têm a ensinar-lhe; você terminou com eles. Daqui para frente você deve meditar no Ser. As escrituras dizem: *"Caro! Deve-se ouvir sobre o Ser, refletir sobre o Ser, e meditar no Ser"* Tendo concluído a reflexão, prossiga com a meditação. Agora, deixe as escrituras.

D: É apropriado deixá-las?

M: Sim, é. Agora que, pela inquirição, você conheceu o que tinha de ser conhecido, pode deixá-las sem hesitação.

D: Mas as escrituras dizem que, até o último minuto de vida, não se deve abandoná-las.

M: O propósito das escrituras é ensinar a verdade. Depois que ela é obtida, que outra utilidade podem ter? Continuar estudando-as seria uma grande perda de tempo e esforço. Portanto, deixe-as de lado. Dedique-se à meditação contínua.

D: Esta afirmação encontra apoio nas escrituras?

M: Sim.

D: Como?

M: Elas dizem que, depois de ouvir o mestre falar repetidamente a respeito do Ser, refletir sobre Ele e conhecê-l'O diretamente, o buscador deve deixar as escrituras, da mesma forma que a vara usada para remexer o cadáver nos campos de cremação é, finalmente, relegada ao fogo que crema o cadáver. Do estudo das escrituras, que o buscador da Libertação reúna um conhecimento indireto sobre o Ser e coloque-o em prática, refletindo sobre Ele até que, vivenciando-O, o conhecimento direto seja obtido; mais tarde, como um apanhador de grãos que pega o trigo e rejeita o joio, que ele deixe as escrituras de lado. O homem que deseja a libertação deve fazer uso das escrituras somente para obter conhecimento do Ser e, então, passar a refletir no Ser; não deve simplesmente falar sobre o *Vedānta*, e nem mesmo pensar nisso. Pois falar só resulta em grande esforço da fala; da mesma forma, pensar força a mente – não há propósito útil em nenhum dos dois. Portanto, conheça apenas o que tem de ser conhecido, e abandone o estudo cansativo. Controlando a fala e a mente, o buscador sensato deve dedicar-se sempre à meditação. Este é o ensinamento das escrituras.

Sábio filho, agora que você conhece o que tem de ser conhecido nas escrituras, deve apagar as impressões deixadas pelo seu estudo.

D: Em que constituem essas impressões?

M: É a tendência da mente de sempre estudar a literatura *Vedānta*, compreender o significado dos textos, guardá-los na memória e neles pensar constantemente. Uma vez que esta inclinação obstrui a meditação, um sábio deve fazer todo esforço para vencê-la. A seguir, devem ser eliminadas as latências ligadas ao mundo (*lokavāsanā*).

D: Quais são as tendências?

M: Pensar: "este é o meu país"; "esta é a minha linhagem familiar" e "esta é a tradição". Se alguém elogia ou censura qualquer uma dessas coisas, a reação da mente denota as latências ligadas ao mundo. Abandone-as. Mais tarde, abandone também as latências ligadas ao corpo (*dehavasana*).

D: Quais são elas?

M: Pensar que se tem esta ou aquela idade, que se é jovem ou velho e desejar ter saúde, força e boa aparência durante toda a vida. Em geral, os pensamentos referentes ao corpo indicam essas tendências. A ambição mundana e o amor pelo corpo distraem a mente e impedem a meditação em *Brahman*. Uma vez que todos os objetos são efêmeros, devem ser evitados. Depois, as latências ligadas aos prazeres (*bhogavāsanā*) devem ser abandonadas.

D: E quais são elas?

M: São aquelas feitas de pensamentos como "isto é bom e tenho que tê-lo"; "isto não é bom; que vá embora"; "agora ganhei tanto e quero ganhar mais", e assim por diante.

D: Como se pode superar isso?

M: Isso pode ser superado olhando com aversão todos os prazeres, como se olhássemos vômito ou excremento, e desenvolvendo indiferença a eles. O desapaixonamento é o único remédio para este louco ansiar. Depois disso, deve-se limpar a mente das seis paixões, a saber: luxúria, raiva, avidez, ilusão, orgulho e inveja.

D: Como isso pode ser feito?

M: Pela amizade com os santos (*maitrī*), pela compaixão pelos sofredores (*karuna*), pelo júbilo com a alegria dos virtuosos (*mudita*) e pela indiferença às fraquezas dos pecadores (*upekshā*).

A seguir, devem ser eliminadas as tendências ligadas aos objetos dos sentidos (*vishayavāsanā*) como o som, etc. Estas latências são os impulsos dos sentidos – como a audição, etc. – em direção a seus objetos.

D: Como essas latências podem ser eliminadas?

M: Pela prática da disciplina de seis passos: evitar que a mente se dirija para o exterior (*sama*), controlar os sentidos (*dama*), não pensar nos objetos sensoriais (*uparati*), ter paciência (*titikshā*), fixar a mente na realidade (*sāmadhāna*) e ter fé (*sraddhā*).

A seguir, deve-se superar todas as latências ligadas aos apegos mútuos.

D: E quais são?

M: Embora os sentidos estejam refreados, a mente ainda assim sempre pensa nos objetos: "aquilo está lá", "isto está lá", "é assim e assado", "é deste ou daquele jeito", e assim por diante. Por ficar remoendo os objetos, a mente apega-se a eles, e o constante remoer denomina-se a tendência ligada ao apego mental.

D: Como se pode controlar isso?

M: Pela prática de *uparati*, que significa desistir de todos os pensamentos após concluir, pelo raciocínio adequado, que são apenas devaneios infrutíferos.

Quando tudo isso for conseguido corretamente, o maior malfeitor – a saber, a tendência ligada à falsa identidade (*viparīta vāsanā*) – deve ser aniquilado, ainda que seja necessário um grande esforço.

D: O que é a tendência ligada à falsa identidade?

M: Devido à Ignorância sem início, desde o início dos tempos aquilo que não é o Ser é confundido com o Ser, como "eu sou o corpo". A Ignorância é robusta é só pode ser eliminada pela prática de *Brahman*.

D: Como é esta prática?

M: Consiste de descartar o corpo, os sentidos, etc., como sendo não-Eu e lembrar-se sempre de que "eu sou *Brahman*", permanecendo como a Consciência que testemunha os revestimentos inanimados. Meditar em *Brahman* na solidão, falar apenas de *Brahman* ou ensinar somente a respeito de *Brahman* quando na companhia de outros; não falar, nem pensar em qualquer outra coisa, apenas em *Brahman*; pensar Nele sempre, com atenção total – esta é a prática.

Assim o dizem os sábios. Com isso, transcenda o ego e, então, vá adiante e elimine a ideia de "meu".

D: Qual é a natureza dessa ideia?

M: Consiste no conceito individual de "meu" em relação ao corpo ou ao que lhe é pertinente, como nome, forma, roupas, casta, conduta ou profissão na vida.

D: Como isso vai embora?

M: Com a firme meditação na Realidade.

D: Como?

M: Estando sempre consciente de que o corpo, etc., seus interesses e efeitos, prazeres, atividades, etc., são apenas invenções da ignorância sobrepostas na sabedoria pura (isto é, o Eu Real), assim como a aparência da prata na madrepérola, de ornamentos no ouro, da água na miragem, do azul no céu, das ondas na água; todos, exceto o Eu Real, nada mais são do que falsas apresentações ou modos ilusórios do Ser. Na verdade, nada existe além de nosso Eu Real.

A seguir, deve-se aniquilar o senso de diferenciação (*bheda vāsanā*).

D: O que é o senso de diferenciação?

M: Consiste de ideias como "sou testemunha disto"; "tudo que é visto é apenas inanimado e ilusório"; "eis o mundo"; "estes são os indivíduos"; "este é o discípulo e o outro é o mestre"; "este é Deus (*Ishwara*)", e assim por diante. Isso deve ser eliminado pela prática da não dualidade.

Esta prática é permanecer não dual, Ser-Consciência-Beatitude sólido, imaculado e livre de pensamentos sobre realidade ou irrealidade, sobre a ignorância ou seus efeitos ilusórios e livre de diferenciação, interna ou externa. Isso é conseguido pela prática constante do *samādhi* indiferenciado (*Nirvikalpa Samādhi*). Neste estado permanece apenas a experiência de *Brahman*.

Depois de deixar o senso de diferenciação bem para trás, também se deve abandonar, depois, o apego à não dualidade.

D: Como isso é feito?

M: Até mesmo esse estado deve finalmente se dissolver na Realidade indizível e impensável, totalmente livre de estados e até da não dualidade. A Beatitude da Libertação é apenas isso, e nada mais. Quando a mente é purificada de todas as impurezas latentes, permanece imaculada, transparente, de modo que não se pode dizer que existe ou não existe, e ela se une à Realidade, transcendendo a fala e o pensamento. Essa fixidez imaculada e imutável da mente é conhecida como Realização ou Libertação ainda em vida [*jīva*n*mukti*].

Embora o conhecimento direto do Ser tenha sido obtido, entretanto, até que venha a Realização, para ser libertado ainda em vida deve-se meditar sempre em *Brahman*, controlando apropriadamente a mente e os sentidos.

Capítulo *VII*

REALIZAÇÃO (*sākshātkara*)

No capítulo anterior, foi dito que se deve obter primeiro o conhecimento direto e, então, deve-se aniquilar as tendências mentais latentes, de modo a perceber *Brahman*. Agora trataremos da Realização. O mestre diz:

M: Sábio filho, agora que você obteve o conhecimento direto pela inquirição no Ser, deve prosseguir com a meditação.

D: Mestre, agora que obtive o conhecimento direto pela inquirição e minha tarefa terminou, por que devo meditar mais, e com que propósito?

M: Embora o conhecimento direto do Ser tenha sido

obtido pela reflexão, não se pode realizar *Brahman* sem meditação. Para vivenciar "eu sou *Brahman*", você deve praticar a meditação.

D: O senhor me pede para meditar, de modo a realizar *Brahman*. Eu já obtive o conhecimento direto pela inquirição guiada pelo texto sagrado. Por que deveria agora praticar a meditação?

M: Se você quer dizer que a inquirição do texto sagrado resulta na realização de *Brahman*, quem pode negar isso? Ninguém. Verdadeiramente, tal inquirição deve terminar com a percepção de *Brahman*.

Agora vamos inquirir sobre o significado do texto. A identidade de quem com quem está implícita ali? Deve ser a da consciência que testemunha os cinco revestimentos do indivíduo – o significado implícito de "tu" – com *Brahman*, o significado implícito de "Aquilo"; não pode ser da alma individual (*jīva*) com *Brahman*. Pela inquirição, a identidade da consciência testemunhadora com *Brahman* foi, certamente, encontrada. Que utilidade pode ter para você a identidade da testemunha com *Brahman*?

D: Inquirindo sobre o significado do texto sagrado, depois que se percebeu que a testemunha é *Brahman* e vice-versa, como pode o senhor levantar a questão *"Que utilidade pode ter isso para uma pessoa"?* Sua utilidade é evidente. Antes, o buscador ignorava a identidade, e agora, pela inquirição, tem consciência dela.

M: Pela inquirição, você certamente descobriu que a testemunha é *Brahman* e que o totalmente perfeito e ininterrupto *Brahman* é a testemunha. Ainda assim, esse conhecimento não é o fim e não pode servir ao seu propósito. Suponha que um pobre mendigo, ignorante do fato de que um rei, que residia numa fortaleza, era o imperador do mundo, tenha tomado conhecimento disso mais tarde. De que forma o conhecimento recém-adquirido melhora a sua posição? Não lhe pode servir a qualquer propósito útil.

D: Antes da inquirição, prevalece a ignorância. Depois da inquirição, obtém-se o conhecimento de que a testemunha é *Brahman*. Agora, o conhecimento substituiu a ignorância. Essa é a utilidade.

M: Como isso pode afetar o fato? Quer você saiba disso ou não, a testemunha sempre permanece *Brahman*. Não é o seu conhecimento do fato que fez de *Brahman* a testemunha. Quer o pobre mendigo soubesse ou não, o rei na fortaleza era o imperador. O seu conhecimento não tornou o rei na fortaleza um imperador. Agora que você sabe que a testemunha é *Brahman*, o que lhe aconteceu? Diga-me. Não pode haver mudança em você.

D: Por que não? Há uma diferença. O texto sagrado ensina "Aquilo tu és". Inquirindo sobre o seu sentido, descobri que a testemunha dos cinco revestimentos em mim é o mesmo que *Brahman*. Disto, eu soube que sou *Brahman*, o que forma outro texto sagrado . Para mim, que ignorava que a testemunha e *Brahman* eram a mesma coisa, este conhecimento surgiu, com o resultado de que percebi *Brahman*.

M: Como você pode alegar que realizou *Brahman*? Se, pelo texto "eu sou *Brahman*", você compreende que é *Brahman*, quem é este "eu", senão a alma individual (*jīva*) ou ego? Como pode o ego ser *Brahman*? Da mesma forma que, com o conhecimento a respeito do rei, o mendigo não pode, ele mesmo, ser o rei, também o mutável ego jamais pode ser idêntico ao imutável *Brahman*.

D: Certamente. Contudo, ao inquirir "Quem sou eu?", torna-se evidente que, pela não inquirição, a testemunha imutável confundiu o ego mutável consigo mesma. Agora, ela sabe que "eu não sou o ego mutável, mas permaneço como a sua imutável testemunha consciente". Então, nada mais correto que a testemunha diga "eu sou *Brahman*". O que pode haver de discordante nisso?

M: Como você pode sustentar que a testemunha diz "eu sou *Brahman*"? Quem diz isso é a testemunha imutável ou o ego mutável? Se você afirma que é a testemunha, está errado. Pois a testemunha permanece imutável como testemunha do "falso eu". Ela não é o conceito ["eu sou *Brahman*"] em si. Senão, não poderia ter a qualidade de testemunha, pois ela mesma estaria mudando. Sendo imutável, a testemunha está livre de qualquer traço de conceitos do tipo "eu" ou *Brahman* e, portanto, não pode saber que "eu sou *Brahman*". Não há embasamento para a sua afirmação de que a testemunha é quem o diz.

D: Então, quem é que sabe que "eu sou *Brahman*"?

M: Do que já foi dito, segue-se que a alma individual (*jīva*) ou "falso eu" deve ter esse conhecimento.

D: Por que se conclui isso?

M: Para ficar livre do repetido ciclo de nascimentos e mortes, o homem ignorante é obrigado a praticar o conhecimento "eu sou *Brahman*". Para a testemunha, não existe ignorância. Quando não existe ignorância, também não pode haver conhecimento. Só o ignorante tem que buscar o conhecimento. Quem, senão o "falso eu", pode ser o sujeito da ignorância ou do conhecimento? É autoevidente que o Ser que testemunha, sendo o substrato sobre o qual aparecem o conhecimento ou a ignorância, deve, ele próprio, estar livre deles. Por outro lado, sabe-se que é o "falso eu" que possui conhecimento ou ignorância. Se você lhe pergunta: "Você conhece o Eu Real que testemunha você?", e ele responde "Quem é esta testemunha? Não a conheço", a ignorância do "falso eu", aqui, é óbvia.

Ao escutar o *Vedānta* dizer que há uma testemunha em seu interior, indiretamente ele sabe que o Eu Real é a testemunha. Então, inquirindo no Ser, é removido o véu da Ignorância de que "Ele não brilha por si mesmo" e ele conhece diretamente o Ser que testemunha. Aqui, mais uma vez, o conhecimento do "falso eu" também está claro.

É apenas a alma individual (*jīva*), e não a testemunha, quem tem o conhecimento de que existe – ou a ignorância de que não existe – a testemunha interior. Você agora deve admitir que é a alma que tem o conhecimento "eu sou *Brahman*". Como a alma mutável tornou-se consciente da imutável testemunha, ela não pode ser o mesmo que a testemunha. Não é por ter visto o rei que o pobre mendigo pode ser o rei. Também a alma mutável não pode ser a testemunha. Não sendo o Eu Real que testemunha, a entidade mutável não pode ser *Brahman*. Assim, a experiência "eu sou *Brahman*" é impossível.

D: Como pode o senhor dizer que, só por ver a testemunha, eu não posso saber que sou a testemunha? Ignorando o seu verdadeiro ser como substrato ou consciência que testemunha, a alma individual (*jīva*) se movimenta como "falso eu". No entanto, pela inquirição minuciosa sobre a sua verdadeira natureza, ela conhece a testemunha e se identifica como a testemunha que é reconhecidamente o *Brahman* todo perfeito e ininterrupto. Assim, a experiência "eu sou *Brahman*" é real.

M: O que você diz seria verdade se a alma pudesse se

identificar com a testemunha. A testemunha é *Brahman*, indubitavelmente. Mas como pode a simples visão da testemunha ajudar a alma individual a fundir-se nela? A não ser que a alma permaneça como testemunha, ela não pode conhecer-se como tal. Apenas por ver o rei, um pobre mendigo não pode conhecer-se como rei. No entanto, quando ele se torna rei, pode reconhecer-se como tal. Da mesma forma, enquanto a alma individual permanece mutável e não se torna a testemunha imutável, não pode reconhecer-se como a testemunha. Se ele não pode ser a testemunha, como poderá ser o *Brahman* ininterrupto e todo perfeito? Não pode ser.

Apenas por ver o rei numa fortaleza, um pobre mendigo não pode ser rei e, muito menos, soberano do universo; também a alma individual (*jīva*), em apenas ver a testemunha – que é muito mais sutil do que o éter e que está livre do trânsito com tríades, do tipo conhecedor, conhecimento e conhecido; que é eterna, pura, consciente, livre, real, suprema e venturosa – não pode tornar-se a testemunha, e muito menos o *Brahman* ininterrupto e todo perfeito, e não pode saber "eu sou *Brahman*".

D: Se assim é, por que duas palavras com o mesmo sufixo – "eu" e "*Brahman*" – são colocadas em aposição no texto sagrado "eu sou *Brahman*"? De acordo com as regras gramaticais, a escritura (*Sruti*) claramente atribui o mesmo grau à alma individual (*jīva*) e a *Brahman*. Como se explica isso?

M: O acordo comum entre duas palavras em aposição é de dois tipos: incondicional (*mukhya*) e condicional (*badha*). Aqui a escritura não transmite o significado incondicional.

D: O que é o significado incondicional?

M: O espaço, num pote, tem as mesmas características do espaço em outro pote, ou num quarto, ou ao ar livre. Portanto, um espaço é o mesmo que o outro. O mesmo ocorre com o ar, o fogo, a água, a terra, a luz do Sol, etc. Mais uma vez: o deus em uma imagem é o mesmo que o deus em outra, e a consciência que testemunha, em um ser, é a mesma que em outro. O *Sruti* não se refere a este tipo de identidade entre a alma e *Brahman*, e sim a outro, o significado condicional.

B: O que é isso?

M: Descartando todas as aparências, é o mesmo substrato em todos.

D: Explique, por favor.

M: "Eu sou *Brahman*" significa que, após descartar o "falso eu", só o Ser residual, ou a Consciência pura que permanece, pode ser *Brahman*. É absurdo dizer que, sem descartar o "falso eu", mas mantendo a individualidade, a alma, ao ver *Brahman* (mas sem se tornar *Brahman*) pode conhecer a si mesma enquanto *Brahman*. O pobre mendigo deve primeiro deixar de ser mendigo e reger um estado para poder conhecer-se como rei; o homem desejoso da divindade primeiro se afoga no Ganges e, abandonando o corpo, torna-se um ser celestial; por sua extraordinária devoção totalmente focalizada, o devoto abandona o corpo e se funde em deus, antes de poder conhecer-se como deus. Em todos esses casos – quando o mendigo conhece-se como rei, o homem como ser celestial e o devoto como deus – eles não podem reter a sua individualidade anterior e também se identificar com seres superiores. Da mesma forma, o buscador de Libertação deve, primeiro, deixar de ser um indivíduo, antes de poder acertadamente dizer "eu sou *Brahman*". Este é o sentido do texto sagrado. Sem perder completamente a individualidade, não é possível ser *Brahman*. Portanto, para perceber *Brahman* a perda da individualidade é condição *sine qua non*.

D: A alma individual mutável não pode ser *Brahman*. Mesmo que alguém se livre da individualidade, como pode tornar-se *Brahman*?

M: Da mesma forma que uma larva perde sua natureza e se torna uma vespa. Uma larva é trazida pela vespa e mantida na colméia. De tempos em tempos, a vespa entra na colméia e pica a larva, de modo que esta sempre continua a temer a sua atormentadora. Por pensar constantemente na vespa, a larva se transforma em vespa. Da mesma forma, ao meditar constantemente em *Brahman*, o buscador perde a sua natureza humana e ele próprio se torna *Brahman*. Esta é a realização em *Brahman*.

D: Isso não pode ilustrar o ponto, pois a alma individual está mudando e é falsamente apresentada sobreposta ao Ser puro, ou *Brahman*, que é a Realidade. Quando uma coisa falsa perde a sua falsidade, a entidade inteira se vai; como pode isso tornar-se a Realidade?

M: A sua dúvida, de como uma falsidade sobreposta transforma-se em seu substrato, a Realidade, é facilmente esclarecida. Veja como a prata-nácar deixa de ser prata e permanece como nácar, ou a cobra-corda deixa de ser cobra e permanece como corda. O mesmo ocorre com a alma individual sobreposta à Realidade, ou *Brahman*.

D: Estas são ilusões não condicionadas (*nirupadhika bhrama*), ao passo que a aparência da alma individual (*jīva*) é condicionada (*sopadhika bhrama*) e surge como sobreposição apenas na faculdade interna, a mente. Enquanto houver mente, haverá também alma individual, ou indivíduo, e a mente resulta de *karma* passado. Enquanto isso não for exaurido, a alma individual também tem de estar presente. Assim como o reflexo de nosso rosto depende de um espelho ou da água à nossa frente, também a individualidade, na mente, é o efeito do *karma* passado. Como podemos acabar com a individualidade?

M: Sem dúvida, a individualidade dura enquanto a mente existir. Assim como a imagem refletida desaparece com a remoção do espelho à frente, também a individualidade pode ser obliterada ao silenciar a mente pela meditação.

D: Sendo a individualidade assim perdida, a alma individual torna-se o vazio. Tornando-se o vazio, como pode tornar-se *Brahman*?

M: A alma individual (*jīva*) é só uma falsa aparência, não separada de seu substrato. É dependente da ignorância, ou mente, com cuja remoção a alma permanece enquanto substrato, como no caso de uma pessoa-sonho.

D: Como?

M: O homem, no estado de vigília, funciona como o sonhador (*taijasa*) em seus sonhos. O sonhador não é nem idêntico, nem separado do homem acordado (*viśva*). Pois o homem que dorme contente em seu leito não se mexeu, ao passo que, como sonhador, andou por outros lugares e se ocupou de muitas coisas. O andarilho do sonho não pode ser o homem que descansa no leito. Pode ele, então, ser diferente? Também não. Pois, ao acordar, ele diz: *"Em meu sonho fui a muitos lugares, fiz muitas coisas e estava feliz ou não."* Está claro que ele se identifica com o experienciador do sonho. Além disso, não se pode ver nenhum outro experienciador.

D: Não sendo diferente do experienciador do estado de vigília, nem idêntico, quem é o experienciador do sonho?

M: Sendo uma criação do ilusório poder do sono, o experienciador do sonho é apenas uma ilusão, como a cobra na corda. Com o término do ilusório poder do sonho, o sonhador desaparece, para despertar como o verdadeiro substrato, o eu individual original do estado de vigília. Da mesma forma, o eu empírico, a alma individual (*jīva*), não é o imutável *Brahman*, nem outro além Dele. O Ser está refletido na faculdade interna – a mente, imaginada pela ignorância – e o reflexo apresenta-se como eu empírico, mutável e individual. Isso é uma falsa aparência sobreposta. Uma vez que a sobreposição não pode existir separada de seu substrato, o eu empírico não pode ser nada mais que o Eu absoluto.

D: Quem é este?

M: Aparecendo continuamente na mente criada pela ignorância e desaparecendo no sono profundo, nos desmaios, etc.; deduz-se que o eu empírico é só um fantasma. Simultaneamente ao desaparecimento do meio ou atributo limitador (*upādhi*) – que é a mente – a alma individual torna-se o substrato, o Verdadeiro Ser, ou *Brahman*. Com a destruição da mente, a alma pode conhecer a si mesma como *Brahman*.

D: Com a destruição do atributo limitador, sendo perdida a alma individual, como pode ela dizer "eu sou *Brahman*"?

M: Quando a ignorância limitadora do sonho desaparece, o sonhador não é perdido, mas emerge como experienciador do estado desperto. Igualmente, quando a mente é perdida, a alma emerge enquanto verdadeiro Ser – *Brahman*. Portanto, assim que a mente é aniquilada, sem deixar qualquer traço, a alma certamente realizará "Eu sou o Ser-Consciência-Beatitude, *Brahman* não dual; *Brahman* sou eu, o Ser."

D: Nesse caso, o estado não deve ter qualquer modo, como o de sono profundo. Como pode haver então a experiência "Eu sou *Brahman*"?

M: Veja o caso do sonhador que, depois de acabar o sonho, acorda como o experienciador do estado de vigília e diz: *"O tempo todo sonhei que andava por lugares estranhos, etc., mas estou só deitado em meu leito"*; ou um louco que, curado da loucura fica contente consigo mesmo; ou um paciente que, curado de uma doença surpreende-se com seus sofrimentos passados; ou um homem pobre que se torna um rei, esquece ou ri da miséria passada; ou um homem que, ao tornar-se um ser celestial, desfruta da nova beatitude; ou um devoto que, ao unir-se ao Senhor de sua devoção, permanece beatífico. Da mesma forma, a alma individual, ao emergir como *Brahman*, questiona-se como, sendo somente *Brahman*, ela antes se movimentava como um ser impotente imaginando um mundo, deus e indivíduos, e pergunta-se o que aconteceu com todas aquelas fantasias e como ele agora – sendo completamente Ser-Consciência-Beatitude, livre de qualquer diferenciação, interna ou externa – certamente experimenta a Suprema Beatitude de *Brahman*. Assim, para a alma individual, a realização é possível somente com a destruição completa da mente, e não de nenhuma outra forma.

D: A experiência só pode ser a da mente. Quando a mente é destruída, quem pode ter a experiência "Eu sou *Brahman*"?

M: Você está certo. A destruição da mente é de dois tipos: em seu aspecto-forma (*rūpa*) e em seu aspecto sem forma (*arūpa*). Todo este tempo, eu estava falando de destruir a mente em seu aspecto-forma. Só quando ela cessa de existir no aspecto sem forma é que a experiência é impossível, como você diz.

D: Por favor, explique esses dois aspectos da mente e sua destruição.

M: As impressões latentes (*vāsanā*s), manifestando-se como modos (*vrittis*), constituem o aspecto-forma da mente. A sua extinção é a destruição desse aspecto da mente. Por outro lado, ao perecerem as tendências, o estado que sobrevém é o *Samādhi*, no qual não há nem a letargia do sono, nem visão do mundo, mas apenas o Ser-Consciência-Beatitude – é o aspecto mental sem forma. A perda disso equivale à perda do aspecto da mente sem forma. Se isso também for perdido, não pode haver experiência – nem mesmo a da realização da Suprema Beatitude.

D: Quando ocorre esta destruição?

M: Na desencarnação de um ser que alcançou a libertação. Não pode acontecer enquanto ele está vivo no corpo. A mente é perdida em seu aspecto-forma, mas não no aspecto informe de *Brahman*. Daí a experiência de Bem-aventurança para o sábio, liberto ainda em vida.

D: Em resumo, o que é a Realização?

M: Destruir a mente em seu aspecto-forma que funciona como atributo limitador (*upadhi*) do indivíduo; recuperar a mente pura em seu aspecto sem forma, cuja natureza é apenas Ser-Consciência-Beatitude, e vivenciar "eu sou *Brahman*", é Realização.

D: Esse ponto de vista também recebe o apoio de outras pessoas?

M: Sim. Sri Shankaracharya disse: *"Assim como no estado de ignorância, não conhecendo a identidade do Eu Real com* Brahman*, acreditamos verdadeiramente ser o corpo; igualmente, depois de saber que estamos livres da ilusão de que o corpo é o Eu Real, e de não mais perceber* *o corpo, sempre vivenciar, de modo indubitável e inconfundível, o Eu Real como Ser-Consciência-Beatitude, idêntico a* Brahman, *é denominado Realização."* Os sábios dizem: *"Estar estabelecido enquanto o Eu Real é Realização".*

D: Quem disse isso, e onde?

M: Vasishta disse no *Yoga Vasishta*: *"Assim como a mente de uma pedra mantém-se silenciosa e desprovida de modos; também, como o interior da pedra, estar desprovido de modos e livre de pensamentos, mas não adormecido e nem consciente da dualidade – isso é estar fixo no Eu Real."*

Portanto, sem eliminar o aspecto-forma da mente e assim permanecer fixo no Ser, como pode alguém realizar "Eu sou *Brahman*"? Impossível. Resumindo, deve-se aquietar a mente para destruir a individualidade e, assim, permanecer fixo enquanto Eu Real de Ser-Consciência-Beatitude, para que, de acordo com o texto "Eu sou *Brahman*", se possa realizar *Brahman.* Por outro lado, dizer "eu sou *Brahman*" pela força do conhecimento direto de *Brahman* é uma tolice tão grande quanto a do pobre mendigo que, ao ver o rei, declara-se rei. Não declarar com palavras, e sim estar fixo como Eu Real e saber "Eu sou *Brahman*" é a Realização de *Brahman.*

D: Como é o sábio que realizou *Brahman* de forma firme, indubitável e inquestionável?

M: Sempre permanecendo como Ser-Consciência-

Beatitude, *Brahman* não dual, todo perfeito, completamente só, unitário, ele será inabalável, mesmo enquanto vive os resultados do *karma* passado, que agora frutificam (*prārabdha*).

D: Sendo somente *Brahman*, como pode ele estar sujeito às experiências e atividades resultantes do *karma* passado?

M: Para o sábio indubitavelmente e inquestionavelmente estabelecido enquanto Eu Real, não pode haver mais nenhum *karma* passado. Na ausência deste, não pode haver fruição; consequentemente, nenhuma experiência ou atividade. Sendo apenas *Brahman* indiferenciado, não pode haver experienciador, nem experiências, nem objetos de experiência. Portanto, não se pode dizer que haja algum *karma* passado para ele.

D: Por que não se pode dizer que o seu *karma* passado está agora se manifestando por si só?

M: Quem é o questionador? Deve ser alguém iludido, e não um sábio.

D: Por quê?

M: Experiência implica ilusão; sem uma, a outra não pode existir. A menos que haja um objeto, nenhuma experiência é possível. Todo conhecimento objetivo é ilusão. Não há dualidade em *Brahman*. Certamente todos os nomes e formas são, por ignorância, sobrepostos a *Brahman*.

Portanto, o experienciador só pode ser ignorante, e não um sábio. Tendo já feito a inquirição sobre a natureza das coisas e sabendo que são nomes e formas ilusórios, nascidos da ignorância, o sábio permanece fixo enquanto *Brahman*, e sabe que tudo é apenas *Brahman*. Quem desfrutará disto? Nada e ninguém. Portanto, não existe nenhum resíduo de *karma* passado, nem prazeres presentes, nem qualquer atividade para o sábio.

D: Entretanto, não o vemos livre das experiências do *karma* passado; por outro lado, ele passa por elas como um homem ignorante comum. Como se explica isso?

M: Do ponto de vista do sábio, não há nada como *karma* passado, prazeres ou atividades.

D: Qual é o seu ponto de vista?

M: Para ele, existe apenas o Espaço puro e imaculado da Sabedoria Absoluta.

D: Mas como, então, vê-se que ele passa por experiências?

M: Só os outros o veem assim. Ele não tem consciência disso.

D: Esse ponto de vista é confirmado por outras autoridades?

M: Em *Viveka* Chu*daman*i, Sri Acharya disse: *"Simultaneamente à aurora do conhecimento, a ignorância, com todos os seus efeitos, abandona o sábio, de modo que ele* *não pode ser um desfrutador. Entretanto, os ignorantes questionam-se como o sábio continua a viver no corpo e a agir como os outros. Do ponto de vista do ignorante, as escrituras reconhecem o momentum do karma passado, mas não do ponto de vista do próprio sábio."*

D: Se ele realmente não é o experienciador, por que deveria parecer que é, aos outros?

M: Devido à ignorância, os outros o veem como experienciador.

D: Isso pode ser assim?

M: Sim. Apenas para o ignorante, o Espaço puro e não dual da Sabedoria Absoluta manifesta-Se como os vários seres, o mundo, Deus, os diferentes nomes e formas, eu, tu, ele, ela, isto e aquilo. Como a ilusão do homem na coluna, da prata na madrepérola, da cobra na corda, dos utensílios no barro ou dos ornamentos no ouro, os diferentes nomes e formas no Espaço da Sabedoria iludem o ignorante. O sábio que, pela prática do conhecimento, destruiu a ignorância e obteve a verdadeira sabedoria, sempre permanecerá apenas como Espaço de Sabedoria Absoluta, sem ter consciência dos prazeres dos frutos das ações ou das atividades mundanas. Sendo Aquilo, ele pode ter consciência apenas enquanto Espaço da Sabedoria. No entanto, devido à ignorância, os outros o veem de outro modo – isto é, como um ser com um corpo, agindo como eles próprios. Mas o sábio permanece apenas espaço puro e imaculado, sem qualquer atividade.

D: O senhor pode ilustrar como o sábio, permanecendo inativo, parece estar ativo para os outros?

M: Dois amigos dormem, lado a lado. Um deles descansa num sono sem sonhos, enquanto o outro sonha que está andando com seu amigo. Embora esteja em completo repouso, este homem parece ativo para o sonhador. Da mesma forma, embora o sábio permaneça inativo como bem-aventurado Espaço da Sabedoria Absoluta, parece ativo para os que, em ignorância, estão sempre presos a nomes e formas. Agora deve estar claro que o sábio realizado, sendo o puro Ser, não está envolvido em ação, mas apenas aparenta estar.

D: Não é que não exista nenhuma experiência para o sábio realizado, e sim que elas são apenas ilusórias. Pois a Sabedoria pode destruir o *karma* já armazenado e o *karma* futuro (*sañchita* e *āgamyā*), mas não o *karma* que, tendo começado a dar frutos (*prārabdha*), tem de exaurir-se. Enquanto estiver ali, mesmo do seu ponto de vista, as atividades continuarão, embora ilusórias.

M: Isso não pode ser. Em que estado estes três tipos de *karma* existem – no de conhecimento ou da ignorância? São decorrência da ilusão; deve-se dizer que "eles funcionam somente na ignorância". Na sabedoria não há ilusão, e portanto não há *prārabdha*. Permanecendo sempre não iludido como Ser transcendental, como pode a ilusão da fruição do *karma* ocorrer-lhe? Pode a ilusão da experiência-sonho retornar a quem do sonho acordou? Para o sábio não iludido, não pode haver experiência de *karma*. Ele permanece sempre sem ter consciência do mundo, mas consciente do Ser enquanto Espaço da Sabedoria Absoluta, não dual, ininterrupto, unitário, sólido, sem qualquer modo – e de nada mais.

D: Os *Upanishad*s admitem o *karma* passado no texto: *"Enquanto o karma passado não for exaurido, o sábio não pode abandonar o corpo e haverá atividades ilusórias para ele."*

M: Você não está certo. As atividades e experiências dos frutos da ação e do mundo parecem ilusórias ao praticante da Sabedoria, mas desaparecem completamente para o sábio realizado. O praticante pratica assim: *"Eu sou a testemunha; os objetos e as atividades são vistos e conhecidos por mim. Permaneço consciente e estas coisas são inanimadas. Só* Brahman *é real; tudo mais é irreal."* A prática termina na realização de que tudo é inanimado, consistindo de nomes e formas, e que nada pode existir no passado, no presente ou no futuro; portanto, essas coisas desaparecem. Não havendo nada a testemunhar, o ato de testemunhar acaba por fundir-se em *Brahman*. Agora só permanece o Ser, enquanto *Brahman*. Para o sábio consciente apenas do Ser, só pode permanecer *Brahman*, e nenhum pensamento de *karma* ou de atividades mundanas.

D: Por que, então, a escritura menciona *karma* passado em relação a isso?

M: Ele não se refere ao sábio realizado.

D: A quem se refere?

M: Somente ao ignorante.

D: Por quê?

M: Embora, do seu ponto de vista, o sábio não usufrua dos frutos das ações, o ignorante é iludido, ao ver suas atividades. Ainda que lhe dissessem que não há colhimento dos frutos da ação para o sábio, o ignorante não aceitará isso, mas continuará a duvidar da razão de o sábio continuar ativo. Para remover essa dúvida, a escritura diz ao ignorante que *prārabdha* continua para o sábio. Contudo, não diz ao sábio: "Você tem *prārabdha*". Portanto, a escritura que fala de *prārabdha* residual para o sábio, na verdade não fala disso sob o ponto de vista do sábio.

D: A realização só pode ocorrer depois do completo aniquilamento da individualidade. Mas quem concordará em sacrificar a sua individualidade?

M: Estando ansiosa para atravessar o oceano do sofrimento de repetidos nascimentos e mortes e perceber *Brahman*, puro e eterno, a pessoa prontamente sacrificará a sua individualidade. Assim como o homem desejoso de tornar-se um ser celestial de bom grado se entrega ao fogo ou ao Ganges, de modo a acabar com a vida humana e renascer como um deus, também o buscador de Libertação sacrificará – pela prática de escutar (*srāvana*), refletir (*manana*) e meditar (*nidhidhyasana*) [sobre o Ser] – a sua individualidade para tornar-se o Supremo *Brahman*.

Aqui termina o capítulo sobre Realização. Estudando diligentemente e compreendendo isso, o buscador matará a mente, que é o atributo limitador que faz com que a individualidade se manifeste, e viverá para sempre só como *Brahman*.

| Capítulo *VIII*

A EXTINÇÃO DA MENTE (*manonāsa*)

No capítulo anterior, tendo ensinado como perceber *Brahman* não dual, o mestre trata agora da extinção da mente como único meio de perceber *Brahman.*

M: Sábio filho, abandone a mente – o atributo limitador que origina a individualidade, assim causando a grande enfermidade de repetidos nascimentos e mortes – e realize *Brahman*.

D: Mestre, como se pode extinguir a mente? Não é muito difícil? Não é a mente muito vigorosa, inquieta e sempre vacilante? Como se pode renunciar à mente?

M: Abandonar a mente é muito fácil, tão fácil quanto amassar uma flor delicada, tirar um fio de cabelo da manteiga ou piscar os olhos. Não tenha dúvida. Para um buscador resoluto, senhor de si e não enfeitiçado pelos sentidos, que pelo intenso desapaixonamento se tornou indiferente aos objetos externos, não pode haver a menor dificuldade em abandonar a mente.

D: Como pode ser tão fácil?

M: A questão da dificuldade só surge quando há uma mente a ser renunciada. Verdadeiramente falando, não existe mente. Quando lhe dizem: "Aqui tem um fantasma", a criança é levada a acreditar na existência do fantasma inexistente, ficando sujeita ao medo, ao sofrimento e aos incômodos. Da mesma forma no imaculado *Brahman*, ao imaginar coisas que não existem – como isto e aquilo – uma falsa entidade conhecida como *mente* surge como algo aparentemente real, funcionando como isto e aquilo e mostrando-se incontrolável e poderosa ao incauto; porém, para o buscador senhor de si e dotado de discernimento, conhecedor da natureza da mente, ela é fácil de ser abandonada. Só um tolo, ignorante da natureza da mente, diz que é muito difícil.

D: Qual é a natureza da mente?

M: Pensar nisto e naquilo. Na ausência de pensamento, não existe mente. Extinguindo-se os pensamentos, a mente permanecerá apenas em nome, tal como o chifre de uma lebre; desaparecerá como uma não entidade, como o filho de uma mulher estéril, o chifre de uma lebre, ou uma flor no céu. Isso também é mencionado no *Yoga Vasishta.*

D: Como?

M: Vasishta diz: *"Ouve, ó Rama, nada há chamado 'mente'. Assim como o espaço existe sem forma, também a mente existe como um vazio inanimado. Permanece apenas como nome; ela não tem forma. Não está no exterior, nem no coração. Entretanto, como o espaço, a mente, embora não tenha forma, preenche tudo."*

D: Como pode ser assim?

M: Onde quer que o pensamento surja como isto e aquilo, lá estará a mente.

D: Se existe mente onde quer que haja pensamento, mente e pensamento são diferentes?

M: O pensamento é o sinal da mente. Quando surge um pensamento, pressupõe-se uma mente. Na ausência de pensamentos, não pode haver mente. Portanto, a mente nada mais é do que pensamento. O pensamento é, em si, a mente.

D: O que é "pensamento"?

M: "Pensamento" é imaginação. O estado livre de pensamentos é a Suprema Bem-aventurança (Śivasvarupa). Os pensamentos são de dois tipos: a evocação de coisas experienciadas e não experienciadas.

D: Para começar, por favor diga-me o que é "pensamento".

M: Os sábios dizem que nada mais é do que pensar em qualquer objeto externo como isto ou aquilo, é ou não é, deste ou daquele jeito, etc.

D: Como isso pode ser classificado sob o título de coisas experienciadas e não experienciadas?

M: Dos objetos dos sentidos (como o som, etc.) já experienciados – como "eu vi", "eu ouvi", "eu toquei", etc. – pensar neles como tendo sido vistos, ouvidos e tocados é evocar coisas já experienciadas. Trazer à mente objetos dos sentidos não experienciados é o pensamento sobre coisas não experienciadas.

D: É compreensível que os pensamentos digam respeito a coisas já experienciadas. Mas, como pensar nas coisas não vivenciadas, exceto se são reminiscências de coisas já experienciada? Nunca se consegue pensar em coisas não experienciadas. Então, como se pode dizer que pensar em coisas ainda não experienciadas é "pensamento"?

M: Sim, isso é bem possível. Pensar em coisas não experienciadas também é pensamento. Objetos não experienciados aparecem como tal somente após o pensar.

D: Como podem as coisas ainda não vividas entrarem na órbita do pensamento?

M: Pelo processo de indução positiva e negativa (*anvāya*, *vyatireka*), deve-se dizer que todas as imagens mentais são formas-pensamento, quer tenham sido experienciadas ou não.

D: Como o senhor aplica a indução positiva e negativa aqui?

M: Existente ou não existente, experienciado ou não experienciado, o que quer que seja pensado e da forma que for, é apreendido. O simples fato de pensar nisso equivale à apreensão. Isto é indução positiva.

Real ou irreal, experienciado ou não, seja como for, o que não é pensado não é apreendido. Isto é indução negativa. Desse processo também se conclui que pensar é apreender.

D: Como pode o simples pensamento de alguma coisa ser também apreensão? As coisas são apreendidas diretamente pelos sentidos ou pela lembrança mental de experiências passadas. Por outro lado, coisas não ouvidas ou não vistas não podem ser apreendidas simplesmente por se pensar nelas. Portanto, não se sustenta a conclusão lógica de que o simples pensar em qualquer coisa seja apreendê-la.

M: Você não está certo. Como pode dizer que as coisas não conhecidas diretamente pelos sentidos não são apreendidas? Os prazeres do paraíso, embora ainda não desfrutados, são vividamente imaginados na mente. Isso se deve ao nosso conhecimento das escrituras, que os descrevem. Embora não experienciados, aparecem para nós como delícias não vivenciadas.

D: Pode-se pensar nas coisas vividas e conhecê-las. Mas as coisas não vividas não podem ser conhecidas, ainda que se pense nelas.

M: Agora, ouça. Quer experienciadas ou não, as coisas podem ser conhecidas. Assim como coisas já experienciadas num lugar distante podem ser objeto do nosso pensamento e cognição, também podemos pensar nas coisas não experienciadas e conhecê-las, ouvindo-as de outros, como o Monte Meru de ouro brilhante.

Embora os olhos e ouvidos estejam fechados, ainda assim pode-se pensar em visões e sons e conhecê-los. Mesmo no escuro, alguém pode pensar num objeto e conhecê-lo. Mesmo sem olhos e ouvidos, os cegos e surdos conhecem formas e sons, ao pensar neles. Portanto, já conhecidos ou não conhecidos, tudo em que se pensa pode ser apreendido. Esta é a proposta afirmativa.

D: O que é negação?

M: Na ausência de mente – em desmaios, no sono profundo ou no transe [*samādhi*] – não há pensamento e, consequentemente, nada é visto. Não apenas nesses estados, mas também na vigília, se não houver pensamentos, não há fenômenos.

D: Mesmo na vigília, não pode ser assim. Os objetos de cognição direta, mesmo se não forem pensados, são apreendidos.

M: Não. O que você diz não é verdade. A experiência cotidiana nos ensina o contrário.

D: Como?

M: Quando um homem está profundamente concentrado em algo, ele não responde se alguém o chamar. Mais tarde, dirá: *"Eu estava concentrado em outra coisa; não ouvi; não vi; não percebi"*, etc. Portanto, é claro que, sem atenção, os objetos de cognição direta não podem ser apreendidos.

B: Os objetos de cognição direta não podem ser apreendidos sem atenção?

M: Embora estejam em contato direto com os sentidos, os objetos não podem ser conhecidos se não lhes for dirigida a atenção. Embora um colar esteja em contato direto com o corpo, quando quem o usa não está atento, a sua presença não é conhecida; não o percebendo, ele chega a sentir falta do adorno e busca-o. Embora esteja em contato com o corpo de quem o usa, o colar não é percebido, por falta de atenção.

E também um paciente que se contorce de dor pode ser levado a esquecer a dor, se atrairmos a sua atenção para outra coisa; da mesma forma, a dor do luto é esquecida, se a atenção for dirigida para outras questões de interesse. Assim, é óbvio que, sem atenção, até mesmo os objetos de cognição direta não podem ser reconhecidos.

Consequentemente, a cognição de qualquer coisa, experienciada ou não, seja como for, só pode ser na forma de pensamento. Dessa forma, a percepção das coisas foi representada por vários termos no *Vedānta*, como cognição disto e daquilo, vontade, pensamento, modo mental, intelecto, tendência, consciência refletida, nó do coração, o que é visto, ilusão, indivíduo, mundo, o todo, Deus, etc.

D: Onde foi dito que este conhecimento é tudo? Por outro lado, é dito que *Māyā* tornou-se tudo.

M: Sim. *Māyā* é o conhecimento do qual se fala. A questão é que este conhecimento objetivo assume nomes diferentes: *Māyā*, *Avidyā*, prisão, impureza, trevas, ignorância, mente, ciclo de repetidos nascimentos e mortes, etc.

D: Sendo assim, o que isso tem a ver com a extinção da mente?

M: Ouça. Você deve compreender que o conhecimento representado por todos esses termos é só a mente.

D: Quem mais diz isso?

M: Vasishta disse a Rama: *"Todo conhecimento objetivo que se manifeste como isto e aquilo, ou não isto e não aquilo, ou de qualquer outra maneira, é apenas a mente. A mente nada mais é do que este conhecimento manifestado."*

D: Que seja. Como é possível extinguir a mente?

M: Esquecer tudo é o meio supremo. O mundo não

surge, a não ser pelo pensamento. Não pense e o mundo não surgirá. Quando nada surge na mente, a própria mente é perdida. Portanto, não pense em nada; esqueça tudo. Este é o melhor modo de matar a mente.

D: Alguém já disse isso antes?

M: Vasishta assim falou a Rama:

"Vasishta: Elimine os pensamentos de todos os tipos – de coisas apreciadas, não apreciadas, ou outras. Como a madeira, ou a pedra, permaneça livre de pensamentos.

Rama: Devo eu esquecer tudo, completamente?

Vasishta: Exatamente, esqueça tudo completamente e permaneça como a madeira ou a pedra.

Rama: O resultado será a estagnação, como a das pedras ou da madeira.

Vasishta: Não é assim. Tudo isso é apenas ilusão. Esquecendo a ilusão, você estará livre dela. Embora pareça estar estagnado, você será a própria Beatitude. O seu intelecto ficará inteiramente claro e aguçado. Sem se embaraçar na vida mundana, mas parecendo ativo aos outros, permaneça como a própria Beatitude de *Brahman* e seja feliz. Diferentemente da cor azul do céu, não permita que a ilusão do mundo renasça no puro Espaço do Ser-Consciência. Esquecer essa ilusão é o único modo de matar a mente e permanecer como Bem-aventurança. Mesmo que *Shiva*,

Vishnu ou o Próprio *Brahman* sejam seus mestres, a realização não é possível sem este meio. Sem esquecer tudo é impossível estabelecer-se enquanto Ser. Portanto, esqueça tudo, inteiramente."

D: Não é muito difícil?

M: Embora seja difícil para o ignorante, é muito fácil para os poucos que discernem. Nunca pense em nada, exceto no *Brahman* único e ininterrupto. Praticando isso longamente, você esquecerá facilmente o não-Ser. Não pode ser difícil ficar quieto, sem pensar em nada. Não deixe nenhum pensamento surgir na mente; pense sempre em *Brahman*. Assim, todos os pensamentos mundanos desaparecerão e só restará o pensamento de *Brahman*. Quando isso se tornar firme, esqueça até mesmo isso e, sem pensar "eu sou *Brahman*", seja o próprio *Brahman*. Não pode ser difícil de praticar.

Agora, meu sábio filho, siga este conselho: pare de pensar em qualquer outra coisa que não seja *Brahman*. Com esta prática, a sua mente será extinta; você esquecerá tudo e permanecerá puramente como *Brahman*.

Aquele que estudar este capítulo e seguir as instruções aqui contidas, logo será o próprio *Brahman*!

Apêndice I

	Viveka	*Vairāgya*	*Uparati*	*Mumukshutva*
Causa	Surge apenas na mente purificada.	Surge de *Viveka.*	Resulta da *ashtanga yoga.*	Começa com *Satsanga,* isto é, associação com sábios realizados.
Natureza	Estar convencido de que só *Brahman* é real e que tudo mais é falso.	Renunciar o mundo e não desejar nada dele.	Consiste em refrear a mente.	Ansiar pela liberação (*Mukti*).
Efeito	Lembrar sempre desta verdade.	Rejeitar, com aversão, todos os prazeres.	Cessar as atividades mundanas.	O efeito é permanecer com o seu mestre.
Limite	Estabelecer-se, inabalavelmente, na verdade de que só *Brahman* é real.	Tratar com desprezo todos os prazeres – terrenos ou celestes.	Termina em esquecer os mundos, porque todas as atividades cessaram.	Termina na renúncia a todos as escrituras e ao desempenho de ritos religiosos.
Fruto	[Reconhecer] a irrealidade de universo (*jagat*) resulta em *Vairāgya.*	Paz.		

Apêndice II

	Jñāna	*Srāvana*	*Manana*
Causa	Surge de *srāvana, manana, nidhidhyasana* e *Samādhi.*	Resulta de *viveka, vairāgya, uparati* e *mumukshutva.*	Surge de *viveka,* isto é, do conhecimento indireto.
Natureza	É o beatífico estado de Paz (*shānti*), no qual só existe *Brahman* e nada mais.	Estar sempre escutando a respeito de *Brahman* não dual.	Inquirir sobre a verdade do Ser não dual (*advaitatma*).
Efeito	Não surgimento do ego.	Remoção de *astattavarana* (aspecto encobridor de *Māyā* que faz crer que "Ele não existe").	Remoção de *abhanavarana* (aspecto encobridor de *Māyā* que faz crer que "Ele não brilha por si mesmo").
Limite	Tão firmemente convencido por ter percebido quanto pela atual ideia.	Não resurgimento de *astattavarana.*	Não resurgimento de *abhanavarana.*
Fruto	Libertação em corpo (*jīvanMukti*)	Conhecimento indireto (*paroksha jñāna*), isto é, a capacidade de distinguir o real do irreal.	Conhecimento direto (*aparoksha jñāna*), isto é, distinguir claramente o Eu Real do ego.

Glossário

abhanavarana	Aspecto encobridor do poder de *Māyā* que faz crer que "Ele (*Brahman*) não brilha por si mesmo".
antahkarana	"Órgão interno", compreendendo a "mente inferior" (*manas*), a "mente superior" ou intelecto (*buddhi*) e o ego (*ahamkāra*).
bhāva	"condição", "natureza", "disposição" ou "sentimento".
Brahma *Sūtras*	Também conhecido por *Vedānta Sūtra*, é um dos três "cânones" do *Vedānta* (os outros dois são os *Upanishads* e o *Bhagavad Gitā*). Os Brahma *Sūtras* são compostos de 555 aforismos, e constituem-se em uma exposição lógica e sistematização dos ensinamentos encontrados nos *Upanishads*. Foi composto por Rishi Badarayana, provavelmente entre os séculos VI e II a.C.
Chidambaram	"espaço/céu da Consciência"
Ganesha	Um deus hindu com corpo humano e cabeça de elefante; ele é o filho mais velho de Shiva. Também conhecido como Ganapati. É sempre invocado quando se inicia algum empreendimento ou atividade.
gunas	As três qualidades básicas de toda manifestação: *rajas* (atividade, movimento), *tamas* (inércia), e *sattva* (equilíbrio, harmonia).
hiranyagarbha	Consciência universal; a totalidade "das mentes".
Ikshvaku	Diz-se que é o filho (ou neto) de Manu, e o primeiro rei de *Ayodhya*. É o fundador da dinastia conhecida como "Dinastia Solar". Um de seus descendentes foi Rama.

Indra	"Regente". É a divindade principal e regente do panteão védico no período mais antigo do Hinduísmo; na mitologia pós-védica, é reconhecido como o rei dos deuses. Era caracterizado como o deus da chuva, raio e trovão.
Ishwara, Ishvara	Deus Pessoal, Criador, dividindo-se na trindade hindu de Brahma (Criador), *Vishnu* (Mantenedor) e Shiva (Destruidor). É o primeiro movimento do Absoluto na manifestação.
jagat	"mundo" ou "cosmos". A totalidade da manifestação, dos fenômenos.
jāgrat	Estado de vigília. Segundo os textos hindus o ser humano é dotado de três estados: vigília, sonho e sono. O quarto estado, *turīya*, é aquele que está além e por detrás desses três enquanto Pura Consciência.
Janaka	Um sábio rei da Índia na antiguidade, cuja história do encontro com o seu Guru e a Realização do Ser é contada no livro *Ashtavraka Gita*. Seu nome aparece no *Brihadaranyaka Upanishad.*
jīva	A alma, psique ou eu individual (ego). É também conhecido como *chit-jada-granthi,* o "nó" entre a Consciência – que é impessoal, sem forma e ilimitada – e o corpo, que é forma e limite. Não confundir com o termo *Ātmā* ou *Ātman*, que se traduziu por Ser ou Eu Real, que é a realidade por trás de cada alma. Com a iluminação, a ilusão da existência enquanto alma individual, e de outras almas individuais, dá lugar à visão de que há apenas a Consciência (*Ātman*) ou Ser, enquanto espírito universal.
jīvannMukti	Libertação enquanto ainda no corpo. É o ideal das escolas espirituais baseadas na não dualidade, descrito na *Bhagavad Gitā, Yoga Vasishta* e em diversas outras obras. Com a morte do corpo, trazida pelo destino (*prarabdha*), *jīvanMukti* torna-se *videhaMukti* (Libertação sem corpo).

Jñāna	Conhecimento do Eu Real ou Ser (*Ātman*). É a Sabedoria, a Iluminação Espiritual. Pronuncia-se "gnāna", com o "g" mudo.
Jñānī	Sábio, Iluminado, o Ser Realizado. Literalmente, "aquele que sabe". Aquele que realizou o Eu Real e está em constante e inabalável identidade com o Absoluto (*Brahman*). Pronuncia-se "gñāni", com o g mudo.
kalpa	Um ciclo universal, durando 4,32 bilhões de anos terrestres, sendo dividido em mil *mahāyugas* ou grandes eras. Veja nota de rodapé n. 13.
karma	Literalmente significa "ação", mas é também frequentemente utilizado com o significado de "consequências das ações" e "destino". O *karma* é um elemento comum em todas as religiões orientais. É uma teoria que declara que cada indivíduo deve experimentar os frutos de suas ações (*karmas*); boas ações trazem bons resultados e más ações trazem o sofrimento como consequência. Ainda, o *karma* é dividido em três espécies: *sañchita karma* (o depósito de todo *karma* passado); *prarabdha karma* (muitas vezes traduzido como "destino", é a parte do *sañchita karma* que será trabalhada na presente vida), e *āgāmi karma* (o novo *karma* acumulado na presente vida e que dará frutos em vidas futuras).
Krishna	Um Avatar (encarnação divina) de *Vishnu*, o aspecto mantenedor da Trindade Divina. Seu diálogo com o arqueiro Arjuna aparece no clássico *Bhagavad Gitā*.
mahavakya	"Grande declaração" ou "grande enunciado". São declarações da Verdade última, encontradas nos *Upanishds*. Ver nota de rodapé n. 57.
Mandukya Karikas	Comentário ao *Mandukya Upanishad*, escrito pelo Rishi Gaudapada. Nesta obra o Rishi expõe a doutrina *Advaita* do *ajata-vada*, segundo a qual nada jamais aconteceu e nada jamais foi criado.

mantras	Sons sagrados dados ao discípulo pelo Guru, geralmente usado para recitações ou encantações.
Māyā	Ilusão. Literalmente, "aquilo que não é". No aspecto cosmológico, é o poder ou aspecto criativo de Brahman, que faz manifestar todo universo. É o que faz com que vejamos apenas a sobreposição (cobra-fenômenos) e não a Realidade que é o substrado (corda-Consciência)
Mukti	Libertação (sinônimo de *moksha*).
neti-neti	Prática extraída dos *Upanishads* que consiste em rejeitar tudo o que é percebido como "não isto", porque o Ser ou Brahman não pode ser nenhum fenômeno, mas sim a realidade por detrás da Consciência que testemunha.
Nirvikalpa Samādhi	O estado mais alto de concentração meditativa, no qual a alma perde todo o contato com o mundo sensorial, perdendo toda a noção de existir separado do Eu Real. Entretanto, algumas *vāsanās* (tendências mentais latentes) permanecem, de forma que o praticante retorna à consciência do ego. Ver *Sahaja Samādhi*.
Pitrs ou pitris	"Ancestrais" de uma família ou raça.
pradhāna	Termo comum na filosofia *Sankhyā*, denota o Fundamento, que existe como potencialidade antes da evolução do universo, e no qual há perfeito equilíbrio entre as três *gunas*.
prāna	Respiração; energia vital do corpo. Análogo ao conceito de *chi* na tradição chinesa.
prarabdha	Veja *karma*
Purānas	"História antiga". Conjunto de dezoito livros sagrados hindus atribuídos ao Sábio Vyasa, lidando com a criação primária e secundária, teologia, e especialmente as histórias dos reis e sábios.
Purusha	Sinônimo de Ser (*ātmān*), ou Consciência Transcendente.

rajas	"Atividade" ou "agitação", uma das três qualidades primárias (*gunas*); sua cor é o vermelho. Veja *tamas*, *sattva*, *gunas*.
Rama	O sétimo Avatar (encarnação) de *Vishnu* (ver *Ishwara*). É o herói epônimo do maior épico indiano, o *Ramāyana*.
Ramāyana	Um dos principais épicos da Índia, em que é relatada a vida de Rama, provavelmente composta alguns séculos antes de Cristo. É composto de aproximadamente 24.000 versos.
Rei Lavana	Ver Lavana
Rei Sikhidhvaja	Sua história aparece no *Yoga Vasishta*. Veja nota de rodapé n. 24.
sadhāna	Prática espiritual; técnica de esforço espiritual; caminho rumo à Iluminação.
Sahaja Samādhi, Sahaja Nirvikalpa Samādhi	É o estado do *Jnani*, que eliminou permanentemente o ego e a ilusão e, ao mesmo tempo, é capaz de funcionar normalmente no mundo, não sendo propriamente um estado de transe.
sakshatkara	Realização do *Ātman* (Ser). O Ser ou Eu é considerado *saksaht*, que significa "direto, imediato". *Karam* significa "realização".
salokya	Libertação consistente em viver no mesmo plano em que Deus.
Samādhi	Sri Ramana Maharshi utiliza esse termo para se referir ao estado de experiência direta ou absorção no Eu Real. Normalmente, contudo, refere-se a um estado ou transe de superconsciência, normalmente beatífico, no qual a consciência humana é transcendida. Veja *Nirvikalpa Samādhi* e *Sahaja Samādhi*.
Samipya	Libertação consistente em estar em direta associação com Deus.

samsāra	A cadeia de nascimento, morte e renascimento que toda alma (*jīva*, ou ego) está sujeita, e que só termina com a Realização. Usado muitas vezes com o sentido de sofrimento, miséria, infelicidade; noutras, como sinônimo do mundo empírico de nomes e formas.
sañchita	Veja *karma*
Sānkhya	Possui diversos significados; no texto, contudo, é empregado no significado de inquirição, ou investigação analítica, representando o método filosófico de separar a matéria (o corpo e o mundo) do espírito (Ser ou *Ātman*).
sānnyasin	Aquele que renunciou o lar, a propriedade, a casta e todos os interesses humanos e prazeres em favor da busca espiritual. Para o *sānnyasin* a renúncia é definitiva, ao passo que o *sadhu* tem a liberdade de poder voltar à família. Um *sānnyasin* usa o manto ocre como símbolo de sua renúncia, enquanto que o *sādhu* usa um *dothi* branco.
Sārūpya	Libertação consistente em ter o mesmo corpo de Deus.
sat-chit-Ānanda	"Ser-Consciência-Beatitude", os três aspectos do Eu Real, ou Absoluto.
Satsang	"Associação com o Real" ou "comunhão com a Verdade"; prática espiritual de frequentar a boa companhia dos santos, sábios e Iluminados; diálogos que apontam para a Verdade.
sattva	Uma das três *gunas* (qualidades essenciais de toda manifestação). Representa o equilíbrio, pureza, harmonia, paz.
Sāyujya	Dissolução no supremo *Brahman*.
Shankara	Também conhecido como Shankaracharya, (778-820 d.C.), foi um grande Jñānī, tendo escrito diversos tratados e sistematizado do Advaita *Vedānta*. Shankara fez o hinduísmo reviver na Índia, em uma época em que o Budismo Mahayana dominava.

Shāstras	Os livros que contém ensinamentos espirituais, comentários, etc., mas que não são as escrituras (*shruti*) em si, que são de Revelação Divina.
Shiva, Siva	Terceira divindade da Trindade hindu, representa o princípio da Destruição, Morte e Renovação. Os outros dois princípios são representados por Brahma (o Criador) e *Vishnu* (o Mantenedor). Muitas vezes essa palavra é utilizada como sinônimo de Eu Real, ou Absoluto (*Brahman*), principalmente em regiões da Índia onde predomina o Shivaismo. Pronuncia-se "xiva".
shruti	Lit. "Revelada". Refere-se aos *Vedas* e *Upanishads*, que são as escrituras hindus, consideradas como tendo origem divina, e não humana.
smriti	"Lembrar-se". Trata-se da literatura tradicional, "lembrada", em oposição às escrituras reveladas (*Sruti*).
Sri Shankaracharya	Veja Shankara.
Sri Vidyaranyaswami	Veja Vidyaranyaswami
Srimad Bhagavad Gitā	Veja *Bhagavad Gitā*.
Sruti, shruti	"Revelação". São as escrituras ou literatura sagrada do Hinduísmo, compostas de quatro *Vedas* e dos *Upanishads*.
Suka	Também conhecido como Sukadev, foi o filho do Sábio Vyasa, que enviou-lhe para aprender com o Rei Janaka, um reconhecido *jīvanmukta* do seu tempo.
Suta Samhita	É um capítulo da obra *Skanda Purāna,* que é um dos dezoito maiores *Purānas*.
Swami	A princípio designa alguém que alcançou a Realização. Entretanto, muitas vezes é utilizado como prefixo antes do nome de mestres (quer sejam iluminados ou não) ou como termo de respeito para monges mais antigos.
swarūpa lakshana	Características essenciais.

taijasa	Função da a alma individual (*jīva*) enquanto sonhador.
tamas	"Obscuridade, inércia", uma das três qualidades primárias (*gunas*); sua cor é o preto. Veja *rajas*, *sattva*, *gunas*.
tâmil	Língua de origem dravidiana falada principalmente no estado de Tâmil Nadu, ao sul da Índia. Quando se usa como adjetivo refere-se a alguém que fala tâmil ou que vive no estado indiano Tâmil Nadu, ou ainda qualquer aspecto relacionado à cultura tâmil.
tapasvīs, tapasvin	Asceta; praticante de *tapas*. *Tapas* é literalmente traduzido como "calor", tem o significado de ascetismo ou prática austera, sendo um elemento essencial na tradição do *Yoga*, estando presente de certa forma também na tradição do *Vedānta*. É uma ideia arraigada no Hinduísmo que certa forma de disciplina ou limitação ("calor psicológico") é necessária para a transformação.
tatastha lakshana	Características marginais, secundárias.
upādhi	"sobreposição". Denota um atributo ou qualidade que é sobreposto à Pura Consciência, limitando-a e encobrindo a Realidade. O corpo-mente é o *upādhi* (atributo limitador) do Ser, pois enquanto este brilha como puro EU SOU (Ser-Consciência, *sat-chit*), o ego é o "eu sou o corpo-mente".
Upanishads	Literalmente significa "sentar-se perto" (para ouvir a verdade diretamente do Guru). Texto filosófico esotérico hindu que expõe a filosofia do não dualismo (*Advaita Vedānta*); esses textos são considerados a conclusão dos *Vedas*, e a última fase da revelação.
vairāgya	Desapego.
Vakya Vrtti	Obra de Sri Shankaracharya em que são tecidos extensos comentários ao *Mahavakya* "Você é Aquilo" (*tat vam asi*).
Vāsanā	"Traço, marca"; tendências latentes, hábitos mentais ou impulsos inerentes.

Vasishta	O Sábio a quem Rama expõe suas questões espirituais no texto Advaita clássico chamado "*Yoga Vasishta*" (composto entre os séculos IX e XIII d.C.).
Vasishta smriti	Texto escrito por *Vasishta* sobre retidão. *dhármica*.
Vedānta	"Final dos *Vedas*". É a tradição filosófica predominante no Hinduísmo, baseada nos textos dos *Upanishads*, *Brahma Sūtras* e *Bhagavad Gitā*, fundada pelo Rishi Badarayana. Possui três correntes filosóficas – não dualidade (*Advaita*), não dualidade qualificada (*Visishtadvaita*) e dualidade (*Dvaita*) – sendo que dentre elas o *Advaita* foi a mais influente e que mais se consolidou. Utilizada no plural, dá o significado do conjunto de escrituras relativas a essa filosofia. O *Vedānta* foi sistematizado no século II d.C. pelo Rishi Badarayana em seus *Brahma Sūtras*.
Vedānta Shastra	Nome dado ao coletivo de escrituras do *Vedānta*.
Vedas	Quatro coleções de escrituras datando de 2.000 a 500 a.C., e que são a fonte última de autoridade no Hinduísmo. São Consideradas como sendo de autoria divina, frutos da Revelação (*shruti*), e não de autoria humana.
videhaMukti	Realização após deixar o corpo. Ideal de algumas escolas vedânticas que negam a possibilidade da Realização completa no corpo físico.
Vidyaranyaswami	Um famoso Swami que viveu de 1296-1386 e contribuiu para o reavivamento do Hinduísmo na Índia, diante da perseguição muçulmana.
vikshepa	"Diversidade", "distração".
Virāt	Forma universal de Deus; a totalidade do universo material.
Vishnu	Uma das três divindades da Trindade Hindu, a quem se atribui a preservação. É um deus muito popular na Índia, e conhecido principalmente por suas 24 encarnações (*avatara*), dentre elas como *Krishna* e Rama.

viśva	Fundação da alma individual (*jīva*) no estado de vigília.
Viveka Chudamani Publicação da Ed. Teosófica, Brasília-DF, 2ª ed., 2011.	Mais conhecido como *Viveka Chudamani*, "A Joia Suprema da Sabedoria", uma obra não dualista atribuída a Sri Adi Shankara.
vritti	Modificação mental; movimentos da consciência. Às vezes traduzido como "conceitos" ou "pensamentos".
Yagnavalkya e Maitreyi	
Yoga	Literalmente, "União". Um dos seis sistemas ortodoxos da filosofia hindu, que parte do ponto de vista da dualidade (*dvaita*) para chegar à união com *Brahman*, o Absoluto. Muitas vezes é usado como sinônimo de *Raja Yoga* ou *Ashtanga Yoga*, que é um sistema de *Yoga* que envolve regras de conduta, prática de posturas físicas, exercícios respiratórios e meditação. Às vezes utilizado como sinônimo de "caminho" ou prática espiritual (*sadhāna*).
Yoga-Sūtras	Ver *Ashtanga Yoga*
Yoga Vasishta	Ver *Vasishta*.

Maiores informações sobre Teosofia e o Caminho Espiritual podem ser obtidas escrevendo para a **Sociedade Teosófica no Brasil** no seguinte endereço: SGAS - Quadra 603, Conj. E, s/nº, CEP 70.200-630 Brasília, DF. O telefone é (61) 3322-7843. Também podem ser feitos contatos pelo e-mail: st@sociedadeteosofica.org.br site: www.sociedadeteosofica.org.br.